REGINE KÖLPIN
Wer mordet schon an der
Mecklenburger Bucht?

MÖRDERISCHE OSTSEEKÜSTE Besucher der Mecklenburger Küste aufgepasst: Wollen Sie sich nicht lieber ein anderes Urlaubsziel suchen? Nein? – Sie sind auf Abenteuer aus? Na dann ... Im Wasser lauern Feuerquallen und an Land Verbrecher aller Art. Von Boltenhagen bis zum Darß haben sich Gesindel, Schwindler und Ganoven ausgebreitet. Die Hansestadt Wismar mit den historischen Ecken bleibt ebenso wenig verschont wie die Ostseebäder Heiligendamm und Kühlungsborn und die Landeshauptstadt Schwerin. Gemordet wird in Bad Doberan und Rostock sowie am wunderschönen Darß mit Ahrenshoop, Zingst und Prerow. Die Autorin hat fast überall ihre mörderische Spur hinterlassen. Nach der Lektüre dieses Buches werden Sie Mecklenburgs Küste mit völlig anderen Augen sehen – falls Sie sich wirklich trauen hierherzukommen.

Regine Kölpin hat zahlreiche Romane und Kurztexte publiziert und Anthologien veröffentlicht. Sie leitet Schreibwerkstätten in der Jugend- und Erwachsenenbildung und inszeniert historische Stadtführungen mit Lesungen an den Originalschauplätzen. Ihre Lesungen gestaltet sie mit einem abwechslungsreichen und auf die Texte abgestimmten Musikprogramm zusammen mit dem Gitarrenduo Rostfrei. Sie ist 1964 in Oberhausen geboren, lebt mit ihrer großen Familie in Friesland und bereist so oft wie möglich die Ostseeküste.
Mehr unter: www.regine-koelpin.de

Bisherige Veröffentlichungen im Gmeiner-Verlag:
Wer mordet schon am Wattenmeer? (2014)

REGINE KÖLPIN
Wer mordet schon an der Mecklenburger Bucht?

11 Krimis und 125 Freizeittipps

GMEINER SPANNUNG

Dieses Buch wurde vermittelt durch
die Literaturagentur Lesen & Hören, Anna Mechler

Besuchen Sie uns im Internet:
www.gmeiner-verlag.de

© 2016 – Gmeiner-Verlag GmbH
Im Ehnried 5, 88605 Meßkirch
Telefon 07575 / 2095-0
info@gmeiner-verlag.de
Alle Rechte vorbehalten
1. Auflage 2016

Lektorat: Sven Lang
Herstellung: Julia Franze
Umschlaggestaltung: U.O.R.G. Lutz Eberle, Stuttgart
unter Verwendung eines Fotos von: © elxeneize – Fotolia.com
und © Flexmedia – Fotolia.com
Druck: CPI books GmbH, Leck
Printed in Germany
ISBN 978-3-8392-1864-8

*Personen und Handlung sind frei erfunden.
Ähnlichkeiten mit lebenden oder toten Personen
sind rein zufällig und nicht beabsichtigt.*

VORWORT

»Willkommen im Land zum Leben«, begrüßt das Schild an der A 20 den Besucher Mecklenburg-Vorpommerns. Diese Aussage transportiert das, was man in der Region empfindet.

An Mecklenburg-Vorpommerns Küste verbringe ich seit Jahren viele Stunden bei außergewöhnlich netten und freundlichen Menschen, die ich in der Zeit sehr zu schätzen gelernt habe. Ein Teil meiner großen Familie lebt dort und so sind auch darüber hinaus enge Freundschaften gewachsen. Sympathisch für mich und meine Familie ist, dass es sogar einen See mit dem Namen »Kölpinsee« gibt. Bei meiner Recherche für diesen Freizeitführer bin ich offene Türen eingelaufen. Allen voran möchte ich Sigrid Mindemann aus Bad Doberan danken, die mir einen wunderbaren Einblick in Stadt und Region gegeben und mich bei sich aufgenommen hat. Wir sind uns sehr nahe gekommen in der Zeit und das freut mich. Dann ein Dankeschön an das Hotel Kranich in Prerow. Tatjana Gebert und Peter Sinnemann haben mich während meiner Recherchereise mit vielen wertvollen Tipps unterstützt. Dieses familiäre Hotel kann ich nur wärmstens empfehlen.

Vor Ihnen liegt nun kein gewöhnlicher Reiseführer, sondern, wie der Titel deutlich macht, ein krimineller Freizeitführer. Beißt sich das? Ich denke nicht.

Mecklenburg-Vorpommerns Küste wirkt zwar ruhig und beschaulich, an unzähligen Stellen sogar romantisch. Und doch sind mir an den verschiedensten Ecken mörderische Gedanken gekommen. Meine kriminelle Reise beginnt im malerischen Boltenhagen, im Westen Mecklenburg-Vorpommerns. Diesen traditionellen Ort mit kleinen Geschäften und einem angenehm pulsierenden Leben habe ich mir als Erstes zum Schauplatz für meine Verbrechen auserkoren.

Weiter geht es in der Hansestadt Wismar und auf der Insel Poel. Wismars Altstadt besticht durch eine einzigartige Architektur und einen faszinierenden Stadthafen. Zur Insel Poel gelangt der Reisende über einen Damm, sodass er auch ohne Schiffsverkehr das Inselflair genießen kann. Anschließend mache ich einen Abstecher ins Landesinnere zur Landeshauptstadt Schwerin. Diese Stadt ist allein wegen des Schlosses am See eine Reise wert.

Kühlungsborn ist wiederum ein Ort mit alter Seebadkultur und gemütlichen Kneipen, einem grandiosen Strand, im Sommer oft mit Lagerfeuerromantik. Von Heiligendamm aus führt eine Fahrradküstenroute nach Börgerende und von dort nach Nienhagen. Dazwischen liegt ein verwunschenes Hexenwäldchen mit einem wilden Strand. In Bad Doberan dominiert das Münster, faszinierend ist aber auch die Dampflok Molli, die mitten durch die Stadt fährt. Ganz abgesehen von der interessanten Architektur. Lassen Sie sich überraschen. Von hier aus geht es zur Hansestadt Rostock mit dem Zoo und dem einzigartigen Darwineum, das schon allein einen Besuch wert ist. In Warnemünde wartet der große Überseehafen, aber auch eine ansprechende Flaniermeile, die zum weitläufigen Strand führt. Der Ort selbst besticht außerdem mit der Achterreeg, die das alte Warnemünde widerspiegelt. Der Darß mit seiner erlebnisreichen Natur, pittoresken kleinen Orten und dem Bodden runden den kriminellen Freizeitführer ab. Da wären der Künstlerort Ahrenshoop, der Badeort

Prerow mit Weststrand und Leuchtturm und schließlich Zingst, direkt am Bodden gelegen.

Lassen Sie sich auf die mörderischen Spuren ein und erkunden Sie die Gegend auf eine ganz andere Art und Weise. Danke, dass Sie mich auf diesem Weg begleiten.

Regine Kölpin

11 REISEZIELE
VON WEST NACH OST

1. Boltenhagen
2. Wismar
3. Poel
4. Schwerin
5. Kühlungsborn
6. Heiligendamm/Börgerende/Nienhagen
7. Bad Doberan
8. Rostock
9. Warnemünde
10. Prerow/Ahrenshoop
11. Zingst

1. BOLTENHAGEN

Das Ostseebad Boltenhagen war in früheren Zeiten ein Bauern- und Fischerdorf und die Bauern unternahmen um 1830 erste Bestrebungen der »Bäderkultur«, indem sie ihre Häuser räumten, in Stall und Scheune zogen und Badegäste aufnahmen. Heute ist Boltenhagen ein bekanntes Seeheilbad und sowohl für den Familienurlaub als auch für Wellness- und Aktivtage bestens geeignet. Es gibt ein immenses Angebot an Ferienwohnungen, Pensionen und Hotels. Kuren sind ebenfalls möglich. Boltenhagen liegt westlich der Hansestadt Wismar direkt an der Ostsee mit einem feinen weißsandigen Strand und wartet daneben mit einer Steilküste auf.

Der Ort selbst ist belebt, zahlreiche Cafés, kleine Boutiquen und Restaurants liegen dicht an dicht und laden zum Verweilen ein. Von überall ist man schnell am Strand, der im Sommer stark frequentiert ist. Im Herbst oder Frühjahr aber kann man hier ausgedehnte und einsame Spaziergänge bis zur Steilküste unternehmen. Eine Seebrücke ist dem Ort ebenso zu eigen. Bei Boltenhagens Kirche auf der Paulshöhe handelt es sich um einen interessanten Backsteinbau mit einem Altarbild aus dem Jahr 1873. Wunderbar ist der Kurpark des Ortes, der direkt an die Strandpromenade grenzt und ganz neu gestaltet wurde. Auch die Kultur kommt in Boltenhagen nicht zu kurz. Für Leseratten ist ein Besuch in der Galerie »Buch im Kurpark« zu empfehlen.

Im Ortsteil Tarnewitz befindet sich die Weiße Wiek mit der Marina Boltenhagen. Ein malerischer Hafen für Skipper und Fischer. Nicht weit entfernt liegt der Ort Klütz mit seiner Windmühle und dem Literaturhaus Uwe Johnson.

Wollen Sie nur einen Tag nach Boltenhagen kommen, bietet der Ort einen Shuttle vom P & R-Parkplatz am Ortseingang. Von dort werden sie zum Strand gefahren und nach Bedarf wieder abgeholt. Dieser Transfer kostet nur 2 Euro, unabhängig von der Anzahl der Personen im Auto.

Weitere Infos:
　Kurverwaltung Boltenhagen
　Ostseeallee 4
　23946 Boltenhagen
　Telefon: 038825/360-0
　www.boltenhagen.m-vp.de

Anreise:
　Mit dem Pkw: A 20, Abfahrt Boltenhagen, von dort ausgeschildert
　Mit der Bahn: Die nächsten Bahnstationen liegen in Grevesmühlen, ca. 17 km entfernt. Weiter mit der Linie 320 oder
　in Wismar, ca. 25 km entfernt. Hier fährt die Linie 240

SEELENVERWANDT

Endlich Urlaub. Marion packte ihren Koffer. Sie freute sich auf zwei Wochen Ostsee, Strand und hoffentlich Sonne. Diese Ferien hatte sie sich wahrlich verdient. Ein hartes Jahr lag hinter ihr. Sie hatte ihren Job in Hamburg wechseln müssen, weil sie die Spitzen der Kollegen nicht mehr ertragen hatte. Dieses Nicht-Beachten, dieses ständige Übergehen. Dieses Nichts-wert-sein, das sie von Kindesbeinen an begleitete. Nach der Kündigung hatte Marion schließlich einen kleinen Buchladen mit Papeterie eröffnet. Sie plante langfristig, heimischen Künstlern eine Plattform zu bieten. Bei der Recherche für ähnliche Projekte war sie in Boltenhagen auf den Buchladen und die Galerie »Buch im Kurpark« [1] gestoßen. Dort vereinten sich Bilder und Literatur. Genau so stellte sie sich dieses Konzept auch in ihrem Lädchen im Hamburger Schanzenviertel vor. Sie freute sich auf ihren Besuch in der Galerie »Buch im Kurpark«.

Boltenhagen zeigte sich von seiner schönsten Seite, als sie ankam. Marion warf ihren Koffer aufs Bett und wollte sogleich an den Strand, das leise Schlagen der Wellen genießen. Auf der Strandpromenade [2] war mächtig was los, aus dem Kletterpark [3] drang fröhliches Geschrei zu ihr herüber. Marion setzte sich auf eine der Bänke und ließ sich die Sonne ins Gesicht scheinen. Hier würde sie zur Ruhe kommen, hier würde sie es schaffen, ihr weiteres Leben vernünftig zu planen. Eines der Ausflugsschiffe [4] hatte angelegt und wahre Menschenströme ergossen sich auf die Promenade. Marion genoss ihr sonniges Plätzchen, das sie nicht so rasch räumen würde. Sie öffnete einmal kurz die Augen, als ein warmer Windhauch über ihr Gesicht strich. In dem Augenblick fiel ihr Blick auf einen Mann, der eben die Promenade entlangschlenderte. Groß, blond und schlank, Dreitagebart, aber viel zu alt für sie. Der Mann hielt ebenfalls inne, als sie ihn bemerkte. Er lief ein paar Schritte weiter, drehte schließlich um und ließ sich rechts von ihr auf der Bank nieder. Eine Weile saßen sie stumm nebeneinander, doch die Luft zwischen ihnen knisterte. Marions Blick schweifte immer wieder zu diesem Mann, der gar nicht ihr Typ war und sie dennoch auf eigentümliche Art und Weise faszinierte. Auch der Mann betrachtete sie heimlich und nach einer unendlich erscheinenden Zeit verhakten sich ihre Blicke ineinander. »Ich bin Klaus Müller«, stellte er sich vor.

Marion zuckte zusammen, dann überzog ein Lächeln ihr Gesicht. »Marion Müller. Ich trage auch diesen Allerweltsnamen.« Sie konnte nicht weitersprechen, als sie in den Augen dieses Mannes abtauchte. Was hatten sie für eine wunderbare dunkelblaue Färbung. Sie sahen aus, als hätte er sie direkt der Ostsee entliehen.

»Es ist ein altbewährter Name. Ich freue mich, dass wir ihn gemeinsam tragen«, sagte Klaus. »Sind Sie im Urlaub hier?«

Marion nickte. »Ja, bin erst angekommen.«

»Von woher kommen Sie? Oder bin ich zu neugierig, wenn ich danach frage?«

Marion schüttelte den Kopf. »Nein, das ist ja kein Geheimnis. Ich habe einen kleinen Buchladen in Hamburg und will mich nun ein wenig erholen. Die letzte Zeit war nicht ganz leicht für mich.«

Klaus schien zu spüren, dass sie das Thema nicht vertiefen wollte und ging deshalb nicht auf die letzte Bemerkung ein. »Eine Buchhändlerin, das ist ja schön. Wissen Sie, ich kann keinen Buchladen betreten, ohne nicht mindestens zwei Bücher zu kaufen. Allein das Gefühl über den Buchrücken zu streichen, dann dieser unvergleichliche Duft, der den Werken entströmt. Es ist doch fast, als könne man schon daran die enthaltenen Geschichten erkennen.«

Marion schmolz förmlich dahin. Er hatte von Werken gesprochen. Vom Duft der Geschichten! Klaus Müller schickte der Himmel, sie waren seelenverwandt, anders konnte sie diese Worte nicht erklären. So etwas war ihr noch nie passiert. Eine Begegnung mit einem Fremden, der schon mit wenigen Sätzen ihr Vertrauen gewonnen hatte. Gab es so etwas wie Seelenverwandtschaft wirklich? »Sie haben ja so recht«, antwortete sie. Sie rang nach Worten, wusste einfach nicht, was sie sagen sollte. Klaus Müller sollte nicht wieder gehen, sollte bleiben. Mit ihr sprechen …

Er druckste ebenfalls herum, hob zweimal zum Sprechen an, verschloss den Mund aber wieder. Ob es ihm ähnlich erging? Marion lächelte ihn aufmunternd an. Bitte, sag doch was, flehte sie in Gedanken und dann, endlich, fragte er: »Darf ich Ihnen einen Kaffee spendieren? Wir zwei Bücherfreunde haben uns bestimmt eine Menge zu erzählen.«

»Ja, gerne!« Marion wunderte sich über sich selbst. Was geschah hier? Sie ließ sich binnen kürzester Zeit von einem fremden Mann zum Kaffee einladen, folgte ihm wie hypnotisiert. Er war um so viele Jahre älter als sie und eigentlich war er auch nicht ihr Typ. Zu alt, zu gesetzt … Aber was hieß schon »eigentlich«. Außerdem wollte sie nichts von ihm. Außer sich mit ihm über Bücher unterhalten. Das war nicht verwerflich.

Klaus Müller bot Marion galant und nach alter Schule den Arm. Wie von einem unsichtbaren Faden gezogen, hakte sie sich bei ihm unter und ging mit ihm. Sie nahm ihre Umgebung kaum noch wahr, war völlig in seinen Bann gezogen. Sie registrierte seinen Duft und nahm an, dass es ein Parfüm von Boss war, speicherte seine Kleidung, seine Mimik und Gestik, als müsse sie all das archivieren.

Klaus erzählte derweil, welche Bücher er in den letzten Wochen verschlungen hatte. Es waren tatsächlich zwei dabei, die sie auch kannte, obwohl sie nicht auf den Bestsellerlisten zu finden waren. Sie diskutierten über die Figuren, den Plot, all diese Dinge, und hatten stets ähnliche Meinungen. Eine solche Nähe zu einem Menschen hatte Marion lange nicht gefühlt. Was machten da die mindestens 20 Jahre, die sie trennten? Sie hatte keine Kraft, sich von ihm zu lösen, wollte sich noch länger mit ihm austauschen. Weiter über Literatur sprechen, philosophieren. Lachen. Denn auch das war mit Klaus Müller uneingeschränkt möglich. Sie schienen sogar denselben Humor zu haben. Sagte einer von ihnen etwas Amüsantes, lachten beide gleichzeitig an derselben Stelle. Marions Herz klopfte immer heftiger. Sie war auf dem besten Weg, sich in diesen wildfremden Mann zu verlieben, der ihr inzwischen alles andere als fremd erschien.

Sie kamen an einem Café in der Ostseeallee an und Klaus suchte umsichtig einen Tisch. Er kümmerte sich darum, dass Marion die Sonne nicht ins Gesicht schien, aber auch dass sie in einer windstillen Ecke saß. Er stand sogar wieder auf und stellte den ausgefahrenen Sonnenschirm so, dass sie optimal geschützt wurde. So etwas war Marion noch nie passiert. Sie musste auf sich achtgeben! Aber mit Klaus

Müller einen Kaffee zu trinken, war schließlich harmlos. Was bedeutete das schon? Sie war frei, hatte Urlaub. Und es war jemand da, der sie beachtete, der ihr zuhörte und sie ernst nahm.

»Was möchten Sie denn gerne essen?« Er reichte Marion die Karte.

Sie entschied sich sofort für einen Latte macchiato und einen Apfelstrudel mit Vanillesoße. »Das nehme ich auch immer«, lachte er. »Wir haben offenbar nicht nur denselben Namen. Wollen wir Du sagen?« Er berührte Marion nur leicht, aber das genügte, dass sich alle Härchen auf ihrem Unterarm aufstellten.

»Ja«, hauchte sie. Klaus. Klaus. Klaus. Marions Mund war so trocken. Sie wollte alles, aber sich nicht verlieben und doch war sie mittlerweile auf dem besten Weg dorthin. Klaus verkörperte alles, was ein Mann ihrer Meinung nach in sich vereinigen musste. Charme, Gewandtheit, die Liebe zur Literatur, ein ansprechendes Äußeres. Und dazu hatte er diese Augen, diese sonore Stimme, die ihr Herz zum Rasen brachte. Egal, ob er älter war. Warum sollte man nicht mit einem reifen Mann glücklich sein können? War es nicht einen Versuch wert?

Du kennst ihn kaum, schalt sie sich selbst. Klaus lächelte sie an. Es war unübersehbar, er mochte sie ebenfalls. Gemeinsam betrachteten sie weiter das Treiben um sie herum. Lachten über einen Dreijährigen, der hinter seinem rot gepunkteten Ball her stolperte, blickten einer alten Dame mit zwei weißen Königspudeln nach, die schmucküberladen an den Cafés vorbeiflanierte, und beobachteten ein streitendes Liebespaar, das am Nebentisch Bösartigkeiten austauschte. Dazwischen aber gab es für Momente immer nur sie. Dann tauchten beide in den Augen des anderen ab, schlossen ein Band, das offenbar schon lange vorher bestand und sie nun neu für sich entdeckten.

»Glaubst du an Seelenverwandtschaft?«, fragte Marion schließlich.

Klaus umschloss ihre Hand und sie fühlte sich beschützt. »Ja, das glaube ich und mir ist vor einer Stunde meine Seelenverwandte begegnet.«

Verlegen wandte Marion den Blick ab und kratzte mit der freien Hand den letzten Milchschaum aus dem Glas. Eine unsinnige Geste, doch sie wusste nicht, was sie sonst tun sollte.

Klaus schloss seine Finger fester um ihre Hand, nahm ihr den Löffel ab und hatte sie nun ganz im Griff. »Schau mich bitte an, Marion. Mir ist klar, dass du jünger bist als ich und ich weiß nicht, ob das ein Problem für dich ist. Aber ich würde dich gern wiedersehen. Wollen wir morgen mit der Carolinchen [5], der kleinen Bäderbahn, einen Ausflug zur Steilküste [6] machen? Es wäre ein Segen, dich besser kennenzulernen.«

Marion nickte stumm. Dass ihr so etwas passierte, war ein Wunder. Ein Geschenk. Das durfte sie nicht mit Füßen treten, sondern sollte es dankbar annehmen.

Schon früh am nächsten Morgen saß sie im Frühstücksraum der Pension, die in der Nähe des Kurparks [7] lag. Gestern Abend hatte dort ein Konzert stattgefunden, das sie mit allen Sinnen genossen hatte. Die Streicher waren ein Traum gewesen. Lauschte Marion einer Violine, fühlte sie sich jedes Mal dem Himmel nah. Den ganzen Abend hatte sie sich Klaus an ihrer Seite vorgestellt, überlegt, wie er die Musik in sich fließen lassen würde. Weil sie sich gut vorstellen konnte, was er gesagt, gefühlt und gedacht hätte, war sie den Tönen an diesem Abend förmlich entgegengeschwebt.

Gleich nach dem Aufstehen hatte sie sich Gedanken darüber gemacht, was sie zu dem Ausflug tragen sollte. Sie wollte attraktiv aussehen, aber zugleich musste es ein praktisches Outfit sein, denn die Steilküste war teilweise recht unwegsam.

Sie hatte sich für ein leichtes Sommerkleid entschieden. Dazu trug sie ihre schmalen Sandalen, die elegant wirkten, aber zugleich auch stabil genug waren, einen Spaziergang an einem steinigen Strand zu überstehen. In ihr schulterlanges blondes Haar hatte Marion ein buntes, zum Kleid passendes, Seidentuch gebunden. Falls die Sonne zu sehr vom Himmel brennen sollte, konnte sie es auch als Schutz nutzen. Klaus war ihr die ganze Nacht nicht aus dem Sinn gegangen. Sie freute sich mehr auf ihn, als es nach einer so kurzen Zeit normal gewesen wäre. Aber was war schon normal?

Er wartete bereits an der Haltestelle und tippelte hin und her. Klaus schien nicht minder nervös zu sein als sie. Ständig fuhr er sich mit der Hand durchs Haar, leckte seine Lippen, und wenn er mal stillstand, wirkte es, als vibriere er.

»Gut siehst du aus.« Seine Stimme zitterte leicht, als er sie begrüßte. »Ich glaube, ich bin aufgeregt.«

Marion lächelte. Klaus gefiel ihr mit seiner Ehrlichkeit.

Die Fahrt mit der Carolinchen war ein Erlebnis. Sie saßen nah zusammen, entdeckten gemeinsam interessante Dinge oder wiesen einander darauf hin. Es war wie am Tag zuvor: Eine Einheit, die sich von Sekunde zu Sekunde festigte. Während der Tour lauschten sie den Informationen über Boltenhagen, der Ort wurde Marion von Minute zu Minute sympathischer. Mittlerweile berührten sich die

Knie der beiden fast ununterbrochen. Klaus' Hand strich ihr ständig flüchtig über den Arm. Marion ließ es geschehen und nahm die Tatsache jetzt glücklich an, sich Hals über Kopf in diesen Charmeur verliebt zu haben.

Als das Carolinchen an der Steilküste hielt, half Klaus Marion aus dem Wagen. Er küsste sogar ihren Handrücken. Dieser Mann war Kavalier durch und durch und unterschied sich so ganz von den jungen Männern in Marions Alter. Keiner von ihnen würde so etwas tun.

Hand in Hand spazierten sie beide am Strand entlang. Ihre Nähe war selbstverständlich geworden. Sie fanden sogar die gleichen Vögel und Sandformationen interessant. Der letzte Zweifel, der alles als glücklichen Zufall betrachtet hatte, formierte sich nun zu einer unumstößlichen Tatsache: Sie und Klaus hatten dieselbe Wellenlänge. Als sie sich auf einen Fels setzten, war es wie selbstverständlich, dass er sie küsste. Ihre Lippen fanden sich, ihre Zungen spielten miteinander und alles fühlte sich verdammt richtig an.

Danach wollte Klaus von Marion alles über sie wissen und erfahren. Er selbst blieb verschlossen, sprach nur das Notwendigste, was ihn anging. »Es ist unspektakulär, nicht der Rede wert«, wand er sich. Marion nahm es hin. Dass Männer nur ungern über ihr Leben sprachen, fand sie nicht ungewöhnlich. Das war ihr schon öfter passiert. Zwar hatte es sich im Nachhinein regelmäßig herausgestellt, wie viel sie zu verbergen hatten, doch das verdrängte sie nun. Mit Klaus war das anders, weil alle anderen Dinge stimmten. Sie hingegen plauderte gern über sich, zumal Klaus ein so guter Zuhörer war. Er hatte Verständnis für ihre prekäre berufliche Lage und konnte nachvollziehen, warum sie die alte Arbeit aufgegeben hatte. Ihr neues Betätigungsfeld, das Geschäftsmodell Literatur und Kunst zu kombinieren, stieß bei ihm auf großes Interesse.

»Das passt zu dir wie die Faust aufs Auge. Du bist dazu geboren, etwas mit deinem Kunstverständnis auf die Beine zu stellen. Das wird super laufen.«

»Tut es ja schon jetzt«, lächelte Marion. »Aber es wird sich noch mehr ausweiten.«

»Weil du ja in Hamburg arbeitest und die Stadt vom maritimen Flair lebt, würde ich das im Laden thematisieren.«

Das war ein interessanter Aspekt, den Marion gern zulassen wollte. »An was hast du genau gedacht?«, hakte sie nach.

»Alles Mögliche. Wir sollten mal beim Buddelschiffmuseum [8] vorbeischauen. Dort findest du ganz sicher tolle Inspirationen«, schlug er vor. Gemeinsam schmiedeten sie Pläne, malten sich aus, welche Autoren und welche Maler Marions Galerie bereichern könnten. Klaus machte sie zwischendurch immer wieder auf Schriftsteller aufmerksam, von denen sie noch nie etwas gelesen oder gehört hatte. »Ich habe da so meine Vorlieben«, sagte er.

»Bist du genrefixiert?«, wollte Marion wissen.

Klaus schüttelte den Kopf. »Das nicht. Ich lese aber gern Texte und Bücher über unerfüllte Sehnsüchte.«

Marion schmunzelte. Das war für einen Mann ungewöhnlich, aber Klaus Müller war eben ungewöhnlich. Und dafür liebte sie ihn. Unerfüllte Sehnsüchte. Wer hatte die nicht? Nur gab es kaum jemand zu. Klaus verriet ihr jedoch nicht, um welche es sich bei ihm handelte.

Am nächsten Tag verabredeten sie sich zum Schwimmen, am darauffolgenden durfte Marion auf dem Ausflugsschiff mitfahren, auf dem Klaus arbeitete. Möwen umkreisten das Boot, die Gischt spritzte bis an die Reling, als sich das Schiff durch die seichten Wellen schob. Am liebsten hätte Marion es Kate Winslet gleichgetan und sich, genau wie sie, vorn an den Bug gestellt. »Was für ein Klischee«, lachte sie.

Mittlerweile war ihr Boltenhagen sehr vertraut, sie liebte den Ort, sie liebte die Seebrücke 9, sie liebte die blaue Ostsee. Sie liebte Klaus. Marion genoss jede Sekunde mit ihm und so war am vierten Abend klar, dass sie die Nacht nicht in ihrer Pension, sondern in Klaus' Bett verbringen würde. Er wohnte in einem Einzimmerappartement in der Nähe des großen Campingplatzes 10 im östlichen Teil von Boltenhagen.

»Ich muss ab morgen für ein paar Tage weg«, murmelte er in Marions Haar hinein. »Bin aber nach dem Wochenende wieder da.«

»Wohin fährst du?« Sie würde ihn vermissen.

Klaus drehte sich zur Wand, ging auf ihre Frage aber nicht näher ein, sondern flüchtete sich in vage Anmerkungen. »Montagabend bin ich zurück. Ich muss ein paar Dinge erledigen. Alltägliches, das gibt es neben dir eben auch.« Er sagte es scherzhaft, verriet ihr aber nicht, um welche alltäglichen Dinge es sich handelte.

Marion gab sich damit zufrieden. Doch in ihr wurde die Stimme lauter, dass Klaus sich stets sehr bedeckt hielt, wenn es darum ging, etwas von sich preiszugeben. Er verheimlichte ihr etwas, doch noch war sein Bonus zu groß, als dass sie ihm etwas unterstellen wollte.

Er wird seine Gründe haben, dachte sie. Eines Tages würde er ihr schon sagen, was ihn beschäftigte. Er war ein aufmerksamer, sensibler Mann. Wer weiß, was ihn davon abhielt, sich ihr zu offenbaren. Er würde es bald tun, da war sich Marion sicher. Und vielleicht würde er sie sogar heiraten. Seine Signale waren eindeutig. Es lief auf etwas Festes hinaus.

Gestern Abend waren sie zur Kirche auf der Paulshöhe **11** gegangen und hatten sich den Sturmflutgedenkstein angesehen. Marion hatte das Gespräch aufs Heiraten gebracht und er hatte nicht widersprochen, allerdings war er auch nicht näher darauf eingegangen. Aber sein Blick hatte alles ausgedrückt, was er fühlte. Diese Augen konnten unmöglich lügen. Es war nur eine Frage der Zeit, bis er sich in diese Richtung öffnete.

Das Wochenende schleppte sich zäh dahin, obwohl Marion versuchte, sich abzulenken. Sie unternahm ausgedehnte Strandspaziergänge und überwand im Kletterpark verschiedene Schwierigkeitsstufen. Doch sie bekam Klaus nicht aus ihrem Kopf. Er hatte ihr zwar seine Handynummer gegeben, aber er ging nicht ans Telefon, so oft sie es auch versuchte. Schließlich gab sie es auf. Marion wollte nicht wie eine Klette wirken und Klaus womöglich verschrecken.

Der Wind hatte aufgefrischt und es war merklich kühler geworden. Es war, als habe Klaus alle Wärme mitgenommen. Bei einem der Spaziergänge traf sie Melli, die mit ihrem Hund am Strand tobte. Der Terrier hatte es auf Marion abgesehen und so begann sie, Stöckchen zu werfen. Es ging eine Weile hin und her, bis die beiden jungen Frauen ins Gespräch kamen.

Melli lebte schon seit Jahren in Boltenhagen und betrieb an der Ostseeallee das kleine Café, in dem Marion mit Klaus Latte macchiato getrunken hatte. »Du warst kürzlich mit Klaus bei uns oder?«, fragte sie nach einer Weile.

»Ja, wir sind«, Marion stockte kurz, »zusammen. Es hat sofort gefunkt.« Er nimmt mich wahr. Etwas, was nicht mal mein Vater getan hat, der sang- und klanglos aus dem Leben meiner Mutter verschwunden ist und sich nie, wirklich nie bei mir gemeldet hat, vollendete Marion in Gedanken ihre Ausführungen. Dieses Verlassen-Werden war ein Fluch, der sich wie ein roter Faden durch all ihre Männerbeziehungen zog und sie bislang davon abgehalten hatte, sich wirklich auf einen von ihnen einzulassen.

Melli stutzte, kaute auf den Lippen herum und schien zu überlegen, ob sie etwas sagen sollte, und entschied sich offensichtlich dagegen. »Ja, er ist sehr nett«, sagte sie nur. »Er fährt am Wochenende immer weg.«

»Wohin?«, fragte Marion, ärgerte sich aber sofort über ihre Frage, weil es sie a) nichts anging und b) deutlich machte, dass er es ihr nicht verraten hatte, obwohl sie doch zusammen waren.

Melli wirkte keineswegs überrascht. »Nach Hause. Klaus Müllers Lebensmittelpunkt ist in Schwerin.«

Marion schluckte. Diese Antwort war mehrdeutig. Nach Hause, Lebensmittelpunkt, konnte vieles heißen. Zu Frau und Kind? Zu Mutter und Vater? In eine eigene kleine Wohnung? Sie wollte ihn selbst fragen, es war besser, das Thema zu wechseln.

Klaus kam Montagabend sofort zu Marion. Er fiel über sie her, wirkte ausgehungert, sodass sie davon ausging, dass er am Wochenende keine andere Frau beglückt hatte. Trotzdem brannten die Fragen in ihr. »Du warst zu Hause? Wo wohnst du, wenn du nicht hier bist?«

Klaus zögerte nicht mit der Antwort. »Ja, ich war zu Hause. Ich lebe in Schwerin.«

Das stimmte also, er gab es unumwunden zu. Marion sah ihn dennoch weiter fragend an, denn er hatte noch nicht alles beantwortet, was sie wirklich wissen wollte.

»Ich fahre stets am Wochenende dorthin, muss immer mal nach dem Rechten sehen.«

Marion wollte den Abend nicht verderben und beließ es dabei, doch versuchte sie in den nächsten Tagen, mehr aus Klaus herauszubekommen. Was bedeutete: »Nach dem Rechten sehen?« Er wich ihr jedes Mal aus.

Marion traf Melli wieder am Strand in Richtung des Yachthafens **12**, als sie allein spazieren ging. »Ist er unterwegs, dein Lover?«, fragte sie gleich. »Dann können wir ja ausgiebig quatschen. Finde ich gut. Komm, wir toben mit dem Hund!«

Marion nickte, griff nach einem Stock und schleuderte ihn über den Sand. Es tat gut, den Frust auf diese Weise abzulassen. Und so warf sie das Holz, hob es auf, warf es … in einer unendlichen Abfolge. So lange, bis Melli sie am Arm packte. »Hey, Marion. Komm mal wieder runter. Was ist denn los mit dir? Du wirkst auf mich ganz anders als beim letzten Mal. So verstört und traurig.«

Marion ließ den Arm mit dem Stock sinken. Eine kraftlose Bewegung, die symbolisierte, wie schlecht es ihr wirklich ging. Melli nahm ihr den Knüppel aus der Hand, schleuderte ihn in Richtung Ostsee und zog Marion an sich heran. Ihr Haar duftete nach Meer und Ostseewind, darunter hatte sich aber auch der Geruch von Orangen gemischt. »Ist es Klaus?«, fragte sie.

Marion nickte. »Ich fahre bald zurück nach Hamburg. Ich weiß nur, dass er jeden Freitag nach Schwerin fährt. Er ist jetzt zum zweiten Mal weg. Er sagt aber nicht, warum er das tut. Ich muss doch wissen, auf was ich mich einlasse.«

»Du hast dein Herz an ihn verloren und er lässt dich im Regen stehen.« Melli schüttelte den Kopf und schob ein verächtliches »Männer!« hinterher.

»Mein Kopf ist noch eingeschaltet und den werde ich auch auf Habachtstellung lassen, bis ich genau weiß, was mit Klaus ist. Er hat eine Frau, stimmt's? Warum sagt er mir das nicht?«

Melli bedeutete ihr, sich auf einem Baumstamm niederzulassen, der am Rand der niedrigen Dünen lag. Sie umfasste Marions Hand und drückte sie sacht. »Ja, du hast recht. Klaus ist seit 30 Jahren verheiratet, aber er hat keine Kinder und man sagt, die Ehe sei schlecht. Seine Frau kennt keiner. Er hat sie noch nie mit nach Boltenhagen gebracht.«

»Warum lässt er sich nicht scheiden?«, fragte Marion. »Wenn er so unglücklich ist?« Sie hatte nach Mellis Worten Hoffnung geschöpft. Eine unselige Ehe ließ sich beenden. Sie hatte freie Bahn, denn dass Klaus sie über alles liebte, war klar. So sehr konnten Blicke nicht täuschen.

Marion empfing ihn beim nächsten Treffen überaus freundlich, schnurrte wie eine Katze und bereitete ihm eine Liebesnacht, ganz nach seinem Geschmack. Danach stützte sie sich auf den Unterarmen auf, lächelte ihn an und sagte ihm, was sie über sein Leben wusste. »Ich musste da nachhaken. Du hast dich gesperrt und ich möchte wissen, woran ich bin. Enttäuschungen hatte ich im Leben genug. Mein Vater hat uns damals verlassen, meine Mutter und ich waren sehr allein. Seitdem fällt es mir schwer, einem Mann zu vertrauen.«

Klaus stritt es nicht ab. »Ja, ich bin verheiratet und ich habe mich in dich verliebt, weil du mich an meine große Liebe erinnerst. Ich musste sie ziehen lassen, damals. Ich verstehe, dass du das wissen willst. Mir fehlten nur einfach die Worte.«

»Musstest du sie wegen deiner Frau ziehen lassen?«, fragte Marion. Ihr Zeigefinger glitt über seinen behaarten Unterarm.

Er nickte. »Ja, auch deswegen. Ich konnte sie nicht verlassen.«

»Warum nicht?«

Klaus zögerte. »Sie sitzt im Rollstuhl, Marion. Ich habe Schuld. Ich habe diesen Unfall verursacht. Ich kann sie nicht im Stich lassen.«

Marion sog die Luft ein. »Aber du betrügst sie! Ob das für sie besser ist?«

Er schüttelte den Kopf. »Nein, es ist schändlich. Und nachdem ich meine große Liebe verlassen habe, gab es auch keine andere wichtige Frau mehr. Bis jetzt«, fügte er hinzu. »Bis du mir über den Weg gelaufen bist. Du gleichst ihr so und ich liebe dich.«

Marions Herz klopfte. Es gab einst eine große Liebe. Und nun gab es sie.

Klaus fing an zu weinen. »Ich schäme mich so. Man kann nicht einfach seine Frau zum Krüppel machen und sie dann hintergehen. Was bin ich für ein Mensch?«

Marion schob ihn weg, als er sie in den Arm nehmen wollte. Klaus sprach weiter, so als hätten die ersten Sätze das Schleusentor geöffnet. »Ich habe sogar ein Kind. Das war die größte Sünde. Ich konnte mich nie um das Mädchen kümmern, habe nur heimlich bezahlt, bis sie 18 war.«

»Das Kind ist also auch …«, Marion vollendete den Satz nicht.

Klaus nickte. »Du ahnst es schon: Es ist das Kind meiner großen Liebe. Sarah darf das nie erfahren. Es würde ihr das Herz brechen.«

»Du hast ein Kind in die Welt gesetzt, obwohl du genau wusstest, dass du dich nicht darum kümmern kannst? Weißt du, wie sich ein abgelehntes Kind fühlt? Wenn der Vater es nicht annimmt und so tut, als existiere es nicht?«

»Die Schwangerschaft war ein Unfall.« Klaus hatte sich aufgesetzt und den Kopf auf die Knie gelegt. »Und ich kann mir denken, wie schlimm es für das Mädchen ohne Vater war. Doch ich bin ein furchtbarer Feigling.«

»Du weißt es nicht, Klaus Müller«, hob Marion an. »Wie solltest du das auch wissen? Du hast dich in deiner Schuld eingeschlossen, rechtfertigst damit alle anderen Dinge!« Marion aber wusste, wie das war. Ohne Vater. Verlassen. Allein. Leer. Unwichtig und ungeliebt. Sie zitterte, die Kluft zwischen ihr und Klaus hatte sich binnen Sekunden aufgetan und sie vergrößerte sich immer mehr. Wo war der Mann, in den sie sich unsterblich verliebt hatte? Er war ein Trugbild, eine Fata Morgana, eine Urlaubsliebe. Sonst nichts.

»Besser, ich gehe jetzt«, sagte Marion. Sie fühlte sich ausgenutzt. Ihre Batterien waren leer. Dieser Feigling. Marion schlüpfte in ihre Sachen, doch in der Tür blieb sie noch einmal stehen. »Gab es viele andere Frauen außer mir? Nach dieser Liebe?«

Klaus nickte. »Ich bin die ganze Zeit hier allein und viele Urlauberinnen sind es auch. Die Versuchung ist groß. Ich kann mit meiner Frau nicht schlafen, ich kriege es nicht hin.«

»Dann war ich also eine von vielen.« Marion wurde schlecht.

Doch Klaus schüttelte vehement den Kopf. »Nein, du bist etwas ganz Besonderes. Weil du mich an *sie* erinnerst.«

Seine Worte klangen wie Hohn in Marions Kopf. Jetzt war alles egal, jetzt musste sie es genau wissen. »Wer war diese Frau, die du so sehr geliebt hast? Ich will den Namen kennen, wo ich ihr doch so ähnlich bin.«

Klaus zögerte, gab sich aber einen Ruck: »Diese Frau hieß Elisabeth. Elisabeth Klein.«

Marion zuckte zurück. »Elisabeth Klein«, wiederholte sie. Die Gedanken überschlugen sich, sie rekapitulierte kurz, was Klaus noch alles preisgegeben hatte, rannte auf die Toilette und übergab sich.

Marion hatte sich die restlichen Tage des Urlaubs nicht mehr bei Klaus gemeldet. Es ging einfach nicht. Aber er sollte auch nicht ungeschoren davonkommen. Er hatte ihr Leben zerstört. Und das schon viele Jahre, bevor sie ihm in Boltenhagen begegnet war. Dafür sollte er büßen. Sie musste nur über ihren Schatten springen. Nur ein einziges Mal. Und so rief sie ihn an und lud ihn zu einem Abendspaziergang ein. Sie trafen sich an der Seebrücke.

»Lass uns die Promenade entlang bis zum Yachthafen laufen«, schlug sie vor.

Klaus schien sie wirklich vermisst zu haben. Er wirkte alt, fast gebrechlich. So liefen sie eine Weile schweigend nebeneinander her, verließen den Ort, bis die Weiße Wiek sichtbar wurde. Die gesamte Anlage lag hell angestrahlt vor ihnen.

»Sieht schön aus«, durchbrach Marion das Schweigen. »Ich reise morgen ab.« Sie hakte sich bei Klaus ein, er tätschelte dankbar ihre Hand. Es schien tatsächlich, als sei er in den letzten Tagen um zehn Jahre gealtert.

Am Hafenbecken war es wider Erwarten still, es war spät geworden. Marion passte das gut, sie würde keinen Lärm machen, denn das, was sie vorhatte, ging schnell.

»Schau nur, wie schön sich der Mond im Wasser spiegelt«, sagte Marion, löste sich aus seinem Arm und beugte sich über die Kante des Hafenbeckens.

Klaus stellte sich neben sie. »Du bist ja romantisch«, lächelte er.

»Ja, sehr«, bestätigte Marion und zog ihn noch ein Stück zu sich heran.

»Ich wünschte, alles wäre wieder gut.«

»Das wird es, Klaus«, sagte sie und versetzte ihm einen Stoß. »Das wird es, wenn es dich nicht mehr gibt«, fügte sie hinzu. Er fiel mit wild rudernden Armbewegungen ins Hafenbecken, schrie aber nicht. Das hätte auch nicht zu ihm gepasst. Er ruderte zwar wild mit den Armen, um sich über Wasser zu halten, doch schon bald würde ihn die Kraft verlassen. »Warum?«, japste er immer wieder. »Warum, Marion?«

»Weil du verrecken sollst! – Vater!« Marion sagte es gerade so laut, dass er es noch hören konnte. »Du bist mein Vater, du Mistkerl. Du bist der Mann, der mein Leben versaut hat. Und ich bin der Unfall! Meine Mutter hat geheiratet und ich habe den Namen Müller annehmen müssen. Hätte ich noch immer Klein geheißen, wäre vielleicht alles anders gekommen.« Sie spuckte ins Wasser, verfehlte seinen Kopf nur knapp. »Ich habe mich in meinen eigenen Erzeuger verliebt! Den Mann, der sich sein Leben lang nicht um mich gekümmert und mich allein gelassen hat!«

Klaus sah sie noch einmal ungläubig an, verlor aber schon bald das Bewusstsein, als er mehrmals mit dem Kopf untergetaucht war. Er lag nun reglos auf dem Wasser mit dem Kopf nach unten. Er hatte den Kampf verloren und würde bald absinken, bis er nach ein paar Tagen als Wasserleiche auftauchen oder zuvor in die Ostsee abtreiben würde. Marion drehte sich weg. Es war vollbracht. Ihre Rechnung war aufgegangen, denn es gab durchaus etwas, das Klaus ihr von sich erzählt hatte. Er konnte nicht schwimmen.

FREIZEITTIPPS

1 **Galerie »Buch im Kurpark«**
Die Galerie »Buch im Kurpark« mit Buchhandlung und Galerie finden Sie an der Seebrücke. Den Besucher empfängt dort eine einzigartige Atmosphäre aus Kunst und Literatur. Es handelt sich mit etwa zehn Quadratmetern wahrscheinlich um die kleinste Buchhandlung in Deutschland, doch was an Büchern nicht ausgestellt ist, kann binnen kürzester Zeit geliefert werden. Während des Stöberns besteht die Möglichkeit, einen Kaffee zu trinken und die Kunstdauerausstellungen von drei verschiedenen Künstlern zu bestaunen. Ein Besuch ist, vor allem für kunstinteressierte Urlauber, in jedem Fall zu empfehlen. Die Galerie »Buch im Kurpark« ist täglich von 10–18 Uhr geöffnet.

2 **Strandpromenade**
Die drei Kilometer lange Strandpromenade kann man getrost als Flaniermeile bezeichnen. Hier pulsiert das Leben. Cafés, Boutiquen, kleine Geschäfte und Restaurants laden neben abwechslungsreichen Spielmöglichkeiten für Kinder und zahlreichen Bänken zum Bummeln und Ausruhen ein. Langweilig wird es hier sicher nicht. An der Strandpromenade befinden sich etliche Villen in ansprechender Seebadarchitektur und auch das Kurhaus.

3 **Kletterpark**
Der Kletterpark befindet sich in unmittelbarer Strandnähe und liegt im evangelischen Familiendorf. Er ist

für alle Altersklassen, also auch für Senioren und jüngere Kinder, geeignet, weil man verschiedene Schwierigkeitsgrade erklettern kann. Insgesamt verfügt er über fünf unterschiedliche Parcoursarten. Wunderschön ist die Lage mit Seeblick. Der Kletterpark ist zudem ansprechend gestaltet. Viele Sitz- und Verpflegungsmöglichkeiten laden neben dem Klettern zu erlebnisreichen Stunden ein.
Mehr unter: www.kletterpark-boltenhagen.de

4 Ausflugsschiffe

Von der Seebrücke aus sind von Ostern bis September verschiedene Ausflugsfahrten möglich, und jede hat ihren Reiz. Es werden Touren nach Wismar, Travemünde und Timmendorf angeboten. Die Schiffe sind auch für Charterfahrten zu buchen. Fahrpläne erhalten Sie in der Kurverwaltung/Touristinformation in der Ostseeallee 4 oder unter dem Servicetelefon: 038825/3600

5 Boltenhagener Bäderbahn Carolinchen

Die Bäderbahn ist ein echtes Highlight. Auf der vier Kilometer langen Tour durch den Ort bis zur Steilküste erfahren die Urlauber eine Menge über die Gegend und den Ort. So ist es auch für Menschen mit körperlicher Beeinträchtigung oder für Familien mit kleineren Kindern möglich, einen wunderbaren Einblick in die Gegebenheiten und den Ort Boltenhagen zu erlangen. Carolinchen kann auch Rollstuhlfahrer befördern und verfügt insgesamt über 54 Plätze.
Fahrpläne unter: www.carolinchen.net

6 Steilküste

Westlich von Boltenhagen befindet sich eine beeindruckende Steilküste. Während sich direkt am Ort ein lang gestreckter, kinderfreundlicher Sandstrand entlangzieht, wechselt die Landschaft an dieser Stelle abrupt. Die Sandklippen sind ab dem Ortsteil Redewisch bis zu 31 Meter hoch. Bizarre Sandformationen mit mächtigen Felsbrocken machen den Strandspaziergang entlang der Steilküste zu einem unvergesslichen Erlebnis.

7 Kurpark

Der Kurpark grenzt an die Strandpromenade und wurde zur 200-Jahr-Feier neu gestaltet. Es gibt seitdem einen Springbrunnen mit einer beeindruckenden Fischskulptur vor der Konzertmuschel im Park. Hier finden im Sommer verschiedenste Veranstaltungen statt. Die 4.000 unterschiedlichen Pflanzen laden in dem vielseitig strukturierten Park zum Verweilen und Schauen ein. Das Meer rauscht, der Springbrunnen plätschert, dazu singen im Frühjahr und Sommer zahlreiche Vogelarten. Idylle pur.

8 Buddelschiffmuseum

Was wäre die Küste ohne ihre Buddelschiffe. In Boltenhagen gibt es ein kleines privates Museum, das sich diesen Miniaturen in der Flasche verschrieben hat. Es zeigt die unterschiedlichsten Modelle, dazu Strandgut und maritime Geräte. Der Besucher darf dem Inhaber auch über die Schulter sehen und vielleicht kann so das Rätsel gelöst werden: Wie gelangt das Schiff durch den Flaschenhals in die Flasche?

Das Buddelschiffmuseum befindet sich in der Ostseeallee 23 und hat folgende Öffnungszeiten: Montag bis Freitag 15.30–18 Uhr; Sonnabend und Sonntag 13–18 Uhr

9 Seebrücke

Die Seebrücke stammt aus den Jahren 1991/1992 und ragt 290 Meter weit ins Wasser. An gleicher Stelle wurde im Jahr 1911 die erste Seebrücke errichtet, weil die Schiffe nicht dicht genug an den Ort heranfahren konnten und die Gäste beim Ausbooten oft im Wasser gelandet waren. Nach Bau der Seebrücke entwickelte sich aber ein reger Linienverkehr. Von der Spitze der Brücke kann man einen wunderbaren Blick auf die Ostsee genießen. Hier legen auch die Ausflugsschiffe ab. Sie ist eines der Wahrzeichen Boltenhagens und barrierefrei.

10 Campingplatz

Der Campingplatz in Boltenhagen liegt im östlichen Teil. Er verfügt über einen Wellnessbereich mit Saunen, Massageangeboten und anderem. Alle Angebote sind auch für Nicht-Camper zu nutzen. Der Platz vermietet Ferienhäuser in skandinavischem Stil. Er liegt in der Nähe des Strandes, allerdings trennen die Hauptdurchfahrtsstraße und ein kleines Stück Wald den Platz vom Meer. Er ist aber ruhig gelegen. Mehr unter: www.regenbogen-boltenhagen.m-vp.de

11 Kirche zur Paulshöhe

Östlich der evangelischen Kirche steht ein Gedenkstein, der an die Sturmflut im Jahr 1872 erinnert.

Dabei wurde ein Großteil von Boltenhagen zerstört. Die Kirche ist ein neugotischer Backsteinbau aus dem 19. Jahrhundert und steht inmitten von Bäumen auf der Paulshöhe. Das Altargemälde stammt noch aus dem Gründungsjahr 1873 und auch sonst hat sich das Bauwerk seinen alten Charme erhalten. Die Kirche besitzt zwei Glocken, eine alte aus dem Jahr 1879 und eine zweite aus den 50er-Jahren, die sich sichtbar auf dem Dachgiebel befindet. Der Taufstein ist ebenfalls einen Blick wert.

12 Yachthafen

Der Yachthafen liegt östlich von Boltenhagen, direkt an der Promenade. Cafés, kleine Geschäfte und Spielplätze laden zu einem Besuch ein. Für Reisende mit dem Boot gibt es moderne Sanitäranlagen, einen Werftservice, abwechslungsreiche Gastronomie und vieles mehr. Die Entfernung zum Ort Boltenhagen beträgt etwa 400 Meter. In der Hauptsaison wartet der Boltenhagener Yachthafen mit einem besonderen und vielseitigen Angebot auf. Es gibt sogar eine schwimmende Veranstaltungsbühne, ein Mittsommerfest und es finden etliche andere Feste statt.

2. HANSESTADT WISMAR

Die Hansestadt Wismar wurde 1229 zum ersten Mal urkundlich erwähnt. Sie hat eine der schönsten historischen Innenstädte an der Ostsee und besticht mit alten Kirchen in Backsteingotik, barocken Bauwerken und klassischen Handelshäusern. Kleine Gassen, in denen das Mittelalter noch zu erahnen ist, laden zum Bummeln ein, genau wie der Hafen mit wunderbarem Blick auf die Altstadt. Hier macht das Promenieren besonders viel Spaß. Der ursprüngliche Stadtkern ist fast unverändert erhalten.

In der Geschichte Wismars taucht wie vielerorts auch Klaus Störtebeker auf. Mit einer Notiz aus dem Jahr 1381 kann die Stadt belegen, dass die Legende tatsächlich in Wismar gelebt hat. Die Pest suchte Wismar im Jahr 1350 heim und etwa 2.000 Einwohner, also mehr als die Hälfte der Bevölkerung, fielen ihr zum Opfer. Im Westfälischen Frieden wurde die Stadt Schweden zugesprochen, was die Nähe zu diesem skandinavischen Land erklärt. 1672 bauten die Schweden Wismar zur größten Festung Europas aus. 1803 ging die Stadt an das Großherzogtum Mecklenburg-Vorpommern über. Schon 1818 wurde das »Tuch-, Manufactur- und Confectionsgeschäft« von Rudolph Karstadt eröffnet und ist bis heute Stammhaus. 1942 gründete man die Hansewerft. Leider wurde Wismar im Zweiten Weltkrieg stark bombardiert, wobei das damals dicht bebaute Gotische Viertel besonders betroffen war und vor allem die Marienkirche schwer beschädigt wurde. Das gesamte Gewölbe stürzte ein, die Kirche wurde zur Ruine. Das Kirchenschiff sprengte man 1960.

Die Aufnahme Wismars in das Welterbe der UNESCO erfolgte 2002.

Bei einem Spaziergang durch die alten Gassen, über den Marktplatz oder zum Hafen wird die geballte Geschichte zum Leben erweckt. Es lohnt, mit offenen Augen durch die Stadt zu spazieren oder an einer Stadtrundfahrt teilzunehmen und die Vielseitigkeit zu genießen. Konzerte, Museen und Ausstellungen halten Wismar bis heute lebendig.

Sehr interessant ist die Namensgebung der Wismarer Straßen und Plätze. Es gibt die Schweinebrücke, den Ziegenmarkt, die Krämerstraße oder die Fischerreihe. Amüsant lesen sich die Namen »Tittentasterstraße« und »ABC-Straße«. Es lohnt, die Straßennamensschilder genau anzusehen und selbst fündig zu werden.

Ein Highlight sind die jährlich stattfindenden Heringstage, die immer wieder große Besucherströme anziehen, ebenso wie die Wismarer Hafentage oder das Fest der Demokratie, das Straßen- und Schwedenfest und alle Konzertreihen.

Weitere Infos:
Touristinformation Wismar
Lübsche Straße 23 a
23966 Wismar
Telefon: 03841/19433
Eine weitere Zweigstelle befindet sich direkt im Rathaus im Erdgeschoss.

Anreise:
Mit dem Pkw: über die A 20 Abfahrt Wismar der Beschilderung folgen
Mit der Deutschen Bahn bis Wismar Hbf.
Auch Fernbusse steuern die Stadt an.

NIKOLAI

Der Tag versprach genauso trist zu werden wie die vorangegangenen. Der Wetterbericht hatte Schneefall angesagt, der kalte Ostwind trieb die letzten Blätter und ein paar Papierschnipsel durch Wismars Straßen.

Karoline saß in ihrem Zimmer und stierte hinaus. Ihr konnte das Wetter egal sein. Selbst wenn es draußen weiße Mäuse oder Biber regnete: Sie musste ihr neues Buch zu Ende schreiben, und zwar bis zum nächsten Monat. Es würde ihr aber nicht gelingen, wenn sie weiter so langsam arbeitete und sich ablenken ließ. Das konnte sie sich überhaupt nicht leisten, denn ihr neuestes Werk war bereits in allen Vorschauen angekündigt und den Vorbestellungen nach auf dem Weg zum Bestseller. Andere Schriftsteller hätte das beflügelt und nicht dazu geführt, jeden Satz aufzuschieben. Doch Karoline kam einfach nicht voran. Es war die Schreibblockade, die sie hinderte. Und es war Nikolai. Vor allem er.

Seit ihrem Ausflug ins Gotische Viertel [13] in der letzten Woche war er an ihrer Seite und ließ sie nicht in Ruhe. Tauchte überall auf, bedrohte und nervte sie. Nikolai, ihr Bösewicht aus dem aktuellen, historischen Werk. Ihrem Durchbruch als Autorin. Sie hatte ihn vor zwei Wochen aus der Handlung herausgeschrieben und durch eine andere Figur ersetzt. Das wollte er sich nicht bieten lassen. Er hatte sich verselbstständigt, war ihren Gedanken entstiegen und kontrollierte ihr Handeln immer stärker. War das denn möglich? Dass eine Figur sich in ihr Leben einmischte? So etwas gab es doch nur in Romanen.

Der Grund für den Rauswurf aus dem Roman lag in der Figurenentwicklung, die Karoline als misslungen angesehen hatte. Nikolai war ihr zu böse vorgekommen. So mächtig, falsch und verdorben konnte und würde kein Mensch sein, das würden ihr die Leser nicht abnehmen. Karoline wollte authentisch schreiben, selbst wenn es ein Roman aus einer völlig anderen Zeit war. Wie lautete die letzte Rezension: *Die Autorin hätte mehr daraus machen können. Ihre Figuren sind durchschaubar und eindimensional.*

Auch Trivialität hatte man ihr schon vorgeworfen oder dass ihr Text Längen habe. Je mehr Karoline schrieb, desto schwerer fiel es ihr, mit diesen Kritiken umzugehen. Die Leser sollten ihre Romane mögen, mit ihren Figuren mitfiebern: Dennoch gab es immer wieder Menschen, die sie nicht erreichte.

»Nun mach dir doch keinen Kopf um so etwas«, sagte ihre Freundin Bine jedes Mal, wenn Karoline darüber verzweifelte. »Du kannst es nicht jedem recht machen. Und das darf auch dein Anspruch nicht sein. Dem einen hast du zu viel Sex reingebracht, dem anderen zu wenig. Der eine sucht nach historischen Fakten, dem nächsten ist es zu langatmig und so setzt es sich fort. Klar, man hätte aus allem mehr machen können, je nach Sicht des Betrachters. Aber *du* hast es eben so gelöst. So, wie du es für richtig hältst. So, wie du es hast lösen wollen. Lass sie alle reden und schreib deine Romane und Geschichten. Die, die du magst!«

Bine hatte gut reden. Sie verkaufte Versicherungen und wurde nicht öffentlich kritisiert. Das war oft ein Spießrutenlauf, aber es gehörte zu ihrem Job dazu. Karoline wusste das und doch war sie an dieser Stelle verletzlich und dünnhäutig.

Aber sie hatte auch Fans. Die, die ihr liebe Mails schickten und die sich auf ihre neuen Bücher freuten. Das machte Mut, gab Kraft, weiterzumachen. Karoline tat nur das, was alle Schriftsteller und Künstler wollten: sich mit ihrer Kunst, in dem Fall ihren Worten, ausleben und die Leser bereichern.

Nach der letzten bösen Rezension aber war sie gehemmt. Sie war, objektiv gesehen, gar nicht so schlimm gewesen. Doch hatte sie das Fass zum Überlaufen gebracht und Karoline völlig verunsichert. Jede Figur hatte sie danach unter die Lupe genommen und überlegt, ob sie so bleiben konnte. Sie hatte sich bemüht, alle Kritiken der letzten Bücher zu berücksichtigen. Und war kläglich gescheitert.

In ihrem Epos ging es um das Wismar im 16. Jahrhundert, als Philipp Brandin die Wasserkunst [14] baute.

Sie hatte eine famose Geschichte verfasst mit allen Elementen, die ein guter Roman brauchte. Eleonore, die ansehnliche Kaufmannstochter hatte sich in Jakob verliebt. Jeden Abend schlich sie zum Wassertor [15] und von dort zum Alten Hafen [16], um sich heimlich mit ihrem Geliebten zu treffen. Wenn sich die Tore schlossen, musste sie zurück sein. Karoline hatte neben Nikolai weitere Bösewichte eingebaut, jedem eine zweite Nuance gegeben, damit keine der Figuren eindimensional war. Doch dann kam sie nicht weiter. Etwas hakte an der Geschichte, sie war zu schmalzig, nicht stimmig genug. Und es wurde immer schlimmer, als der Erfolgsdruck und die Erwartungen von Verlagsseite zunahmen. »Das wird der Knaller, Frau Mehnstein. Die Buchhandlungen reißen uns das Buch schon jetzt aus den Händen! Schreiben Sie!«

Bald würden so viele Menschen ihre Worte lesen und noch mehr würden sich berufen fühlen, das Buch zu beurteilen, sie als Schriftstellerin zu loben oder aber eben auch zu zerreißen. Da hatte ein Nikolai keinen Platz, er würde polarisieren und eine Menge Leser gegen sich aufbringen. Weitere Verrisse waren ihr gewiss und das konnte sie unmöglich ertragen.

Karoline wusste nicht, ob sie dem Erfolgsdruck gewachsen war und das aushalten würde. Sie hatte nur den Rotstift als Ausweg gesehen und alles Denkbare herausgestrichen. Besser wurde der Roman dadurch nicht. Sie musste sich eingestehen, dass er gar nicht mehr funktionierte. Karoline redete sich ein, Nikolai sei der Verursacher, die Figur, die die Handlung anhielt, es nicht möglich machte, sie voranzutreiben. Aber mit dem Streichen seines Namens und seines Tuns war die Handlung flacher geworden, bis sie am Ende nur noch vor sich hin plätscherte.

Nachdem Nikolai keine Rolle mehr in dem Roman spielte, mussten Samira und Heinrich ebenfalls verschwinden. Zu banal, zu nichtssagend. Schließlich eliminierte sie auch Josef und Felizitas, Greta und Helene. Übrig geblieben waren am Ende nur die historischen Figuren, die sie nicht streichen konnte. Und ihre Hauptfiguren Eleonore und Jakob. Aber mit wem sollten die sich nun streiten? Vor wem davonlaufen? Welche Steine lagen den beiden Liebenden noch im Weg? Die Story war aalglatt geworden, ohne Biss, es fehlte ihr alles, was eine illustre Geschichte ausmachte. Dennoch glaubte Karoline, auf dem richtigen Weg zu sein, denn jede Entscheidung gegen etwas, öffnete auch neue Horizonte. Das aber sah Nikolai völlig anders und er begann zu rebellieren.

Als sie vor Verzweiflung in der letzten Woche stundenlang durch das Gotische Viertel gelaufen war, um sich neue Inspirationen zu holen und den Roman zu beleben, hatte es begonnen. Diese Ahnung, etwas stimme nicht. Sie hatte eben das Archidiakonat umrundet, als sie glaubte, jemand tippe ihr auf die Schulter. Karoline war förmlich zusammengezuckt, aber als sie sich umgedreht hatte, war da niemand gewesen. Sie hatte einen Schritt weiter gemacht und da war das Gefühl wieder da gewesen. Ihr folgte jemand. Nein, nicht jemand. Nikolai. Es bestand keinerlei Zweifel an seiner realen Existenz. Er war zwar aus ihrer Handlung gestrichen, doch er hatte sich einen Weg gesucht, um nicht im Nirwana der Bedeutungslosigkeit zu versinken. Er war präsent, bestärkte sie massiv in ihren Zweifeln und kämpfte darum, wieder eine Rolle in der Geschichte einzunehmen. Von diesem Tag an wurde Karoline von ihm verfolgt.

Er maßregelte sie, lachte hämisch, hielt ihre Finger umklammert, sodass sie nicht einmal ihre Tastatur erreichten, sondern nur darüber schwebten, unfähig, auch nur einen Buchstaben oder ein Zeichen zu drücken. Manchmal kam er nicht allein und brachte die anderen mit. Die, die ebenfalls aus dem Roman entfernt worden waren und sich mit ihrem Schicksal nicht abfinden wollten. Sie lärmten gemeinsam in Karolines Kammer, schrien sie an, blockierten alle Gedanken. Karoline kam sich vor wie in einem Spukhaus. Sie versuchte zu retten, was zu retten war, doch ihre Bemühungen mündeten in einer bösen Schreibblockade, die kaum zu überwinden war, und die sie nun an ihren Schreibtisch fesselte, ohne dass sie auch nur ein Stück vorankam.

Seitdem konnte sie keine Nacht mehr schlafen, zumal Nikolai sie auch in ihren Träumen heimsuchte und unter Druck setzte. Sie betete, dass in ihrem Kopf Ruhe einkehren möge. »Ich werde langsam verrückt.« Diesen Satz wiederholte sie eine Spur zu oft. Sie hatte Angst, dass er sich manifestierte.

Dennoch setzte sie sich Morgen für Morgen an den Schreibtisch und versuchte, der Sache Herr zu werden. Aber Nikolai saß immer schon vor ihr da, so auch am Nachmittag dieses Tages. Er turnte um sie herum, schüttelte den Kopf und klopfte mit seinem beringten Finger auf die Schreibtischplatte. »Du bist nicht durchgedreht, das hier ist die Realität. Du kannst nicht vor den Tatsachen davonlaufen, die du selbst geschaffen hast.«

»Hau ab, was willst du?«, herrschte Karoline ihn an. Doch sie wollte seine Antwort gar nicht hören und hielt sich die Ohren zu. Er aber sprach laut und herrisch, so wie sie es sich für ihn überlegt hatte, und ließ sich von ihrer abweisenden Geste nicht abhalten. »Du kannst mich nicht erfinden und dann eliminieren, bloß weil du Angst vor deinen Kritikern hast«, schmatzte Nikolai. Er schmatzte immer, auch das hatte sie ihm angedichtet. Fettige Haare, dreckige Speckfinger und einen Dreitagebart. Seine vulgäre Sprache, seine ständige Pöbelei. Er war genau so, wie sie ihn erschaffen hatte. »Los, schreib mich wieder rein! Und die anderen auch! So leicht machen wir es dir nicht!«

Karoline sprang auf, knallte die Klappe ihres Laptops zu. »Lass mich in Ruhe! Es gibt dich doch gar nicht in Wirklichkeit! Nein, es gibt dich nicht! Du bist nur eine blöde Erfindung von mir.« Sie griff nach ihrem Mantel, rannte aus der Wohnung. Kaum stand sie draußen vor der Tür, lehnte sie sich gegen die Hauswand. Alles war wie immer. Die Menschenströme schoben sich an ihr vorbei, keiner beachtete sie, wie sie ihr Handy aus der Jackentasche zupfte und Bines Nummer eingab.

Karoline hatte sich mit ihrer Freundin im »Café Glücklich« [17] verabredet. Beide trafen sich stets in einem der vier Cafés mit den wunderbaren Namen. »Café Sinnenreich«, »Café Milchmädchen« und »Café Allerliebst« waren neben dem »Café Glücklich« so schöne Begegnungsstätten, dass es eine Sünde war, nicht ständig in einem von ihnen zu sitzen und Kaffee zu trinken oder eine Kleinigkeit zu essen.

»Bine wird wissen, was zu tun ist«, sagte Karoline, als sie von ihrer Wohnung, die beim Karstadt-Stammhaus [18] lag, durch die Krämerstraße [19] in Richtung Frische Grube [20] eilte. Mit jedem Meter, den sie zwischen sich und ihre Wohnung mit den Fantasiegestalten legte, ging es ihr besser. Sie hoffte, dass Nikolai sie nicht weiter verfolgte, sondern sie hier bei Bine in Ruhe ließ.

Ihre Freundin schüttelte über Karolines Erzählungen nur den Kopf. »Du musst wieder einen klaren Gedanken fassen, Karo. Schreib dein Buch endlich so, wie du es für richtig hältst, und nicht so, wie du meinst, dass es zu sein hat. Dann verschwinden die Figuren wie von selbst. Hast du mir nicht erzählt, wie nah man ihnen ist? Dass es oft so wäre, als lebten sie mit einem? Dann ist es kein Wunder, dass deine Gedankengebilde jetzt den Aufstand proben und nicht zurück in deinen Kopf wollen. Es scheint ja ein Fehler zu sein, sie aus der Geschichte zu killen, wenn sie in deiner Fantasie so fest verankert sind. Vielleicht brauchst du sie doch?«

Karoline schüttelte vehement den Kopf. »Nein. Gerade dieser Nikolai wird vielen Lesern nicht gefallen. Er ist durch und durch schlecht.«

»Nun, solche Menschen gibt es ja. Wo ist das Problem?« Bine rührte ihren Cappuccino um.

»Das Problem ist meine Schere im Kopf«, sagte Karoline. »Immer, wenn wieder jemand etwas gegen meine Texte hat, nehme ich mir das so sehr zu Herzen, dass ich eine Figur herausschneide, von der ich glaube, dass genau die zum nächsten Kritikpunkt wird. Nikolai wäre ein solcher Typ, aber ich kann ihn auch nicht anders darstellen. Mir fällt nichts ein, was ihn vielschichtiger werden lässt.«

»Dann wirst du bald gar nichts mehr schreiben. So geht das nicht.« Bine schüttelte den Kopf. »Sei doch endlich wieder du selbst! Bitte!«

Karolines Handy klingelte. Während des Gesprächs nickte sie einige Male und gab nur einsilbige Kommentare ab. Glücklich wirkte sie nicht. Als sie aufgelegt hatte, starrte sie Bine an. »Ich soll lesen. Bei den Lesegärten [21] und am liebsten während der Heringstage [22], weil dann viele Gäste in der Stadt sind.«

»Die allerdings nicht alle zwangsläufig Kultur erleben wollen. Trotzdem wirst du begeisterte Zuhörer bei der Lesung haben.« Bine trank einen Schluck von ihrem Cappuccino. »Die meisten sind bei den Heringstagen wohl aus anderen Gründen hier. Aber egal, nicht nur die Vorverkaufszahlen, auch die vielen Lesungsanfragen müssen dich doch jetzt beflügeln. Das Publikum will dich, und zwar so, wie du schreibst. Los, ab nach Hause und füge alle Nikolais, Gretas und wie sie heißen wieder ein. Dann kannst du pünktlich abgeben und alles ist im Lot.«

Karoline fühlte sich aber nicht beflügelt, sondern gehetzt. Man erwartete, dass sie funktionierte und das gelang ihr einfach nicht. Sie war Künstlerin, sensibel – und überfordert. Der Druck, die Erwartungshaltung und die Angst zu versagen, waren zu groß. Bine konnte das nicht verstehen. Sie hatte keine Künstlerseele, war pragmatisch und geradeaus. Sie konnte ihre komplizierten Gedankengänge nicht nachvollziehen, war kein Grübler. Karoline trank ihren Milchkaffee aus, das Gespräch mit ihrer Freundin hatte ihr nicht weitergeholfen. »Ich geh dann mal und schau, was ich machen kann. Irgendwie muss ich schließlich weiterkommen. Ich kann mir eine Verschiebung des Erscheinungstermins nicht leisten. Meine Agentur und die Lektorin machen mich einen Kopf kürzer, wenn ich nicht pünktlich liefere, so wie ich es unterschrieben habe.« Sie seufzte. »Keiner weiß, was das für ein Druck sein kann, die Abgabetermine einzuhalten, wenn der Kopf und das Gedankenkarussell nicht mitspielen.«

Bine grinste. »Ja, ihr Künstler habt es schwer. Aber auch nicht schwerer als unsereins. Ich muss jeden Morgen pünktlich um 6 Uhr zum Dienst erscheinen. Da schläfst du noch selig.«

»Dafür geht bei mir so mancher Abend und so manches Wochenende drauf. Wenn du schön die Füße auf den Couchtisch legst«, konterte Karoline.

»Eins zu eins. Hören wir auf damit«, lachte Bine. »Es muss dich doch positiv stimmen, dass man schon jetzt, wo der Roman noch nicht einmal erschienen ist, so sehr danach verlangt.«

Das Gegenteil war der Fall: Im Augenblick verschaffte es Karoline regelrecht Beklemmungen. Was war, wenn Nikolai sie gleich wieder heimsuchen würde? Er würde da sein, wenn sie allein war. Er ließ nicht locker. Er war böse. Genauso böse, wie sie ihn erfunden hatte. Mittlerweile fürchtete sie sich richtiggehend vor ihm.

Kaum stand sie vor dem Café, blickte Karoline sich ständig ängstlich um. Nikolai blieb verschwunden. Sie bog in Richtung Schabbellhaus [23], ging ein Stück und langsam ließen das Herzklopfen und dieses gruselige Gefühl im Bauch nach.

Doch sie hatte sich zu früh gefreut, sich zu sehr in Sicherheit gewiegt. »Es geht nicht, Karo«, flüsterte Nikolais Stimme. Ihre Nackenhaare stellten sich auf, es lief ihr eiskalt den Rücken herunter. »Du kannst uns nicht entfliehen. Niemals kannst du das. Du hast uns ins Leben gerufen und schließlich gelöscht. Du wolltest uns ausmerzen, aber das geht nicht. Einmal erschaffen, sind wir da, ob es dir gefällt oder nicht. Dazu hast du dich viel zu lange mit uns beschäftigt. Du hättest uns in der Geschichte töten lassen können. In dem Fall wäre unser Tod immer nur kurz und für den Augenblick. Nur hast du es anders entschieden. Du hast uns grundlos unserer Existenz beraubt. Das wird ein Nachspiel haben. Niemand darf uns in die Bedeutungslosigkeit verbannen. Wir kämpfen darum, dass es uns für immer gibt. Romanfigur zu sein hat etwas von Unsterblichkeit.«

Karoline schleppte sich weiter. Unsterblichkeit. Was für ein albernes Zeug erzählte dieser Nikolai da. Er war zu dumm, um solche Dinge zu wissen. Verselbstständigte er sich gerade? Was hatten Nikolai und ihre anderen Figuren vor? Gab es so etwas, dass sich erfundene Existenzen gegen ihre Schöpfer erhoben? Ein Auto hupte, beinahe wäre Karoline angefahren worden. Sie sollte besser achtgeben, Nikolai brachte sie völlig durcheinander. In ihrem Kopf rauschte es. Ich muss neue Figuren erfinden, hämmerten ihre Gedanken stakkatoartig. Wenn ich das geschafft habe, werden die alten keine Macht mehr über mich haben und verschwinden. Ich habe ihnen einfach zu viel Raum gegeben. Aber der steht ihnen nicht zu.

Karoline sog die Luft tief ein und betrat die Schulstraße. Sie würde noch ein wenig durch die Innenstadt spazieren.

Sicherlich würde ihr etwas einfallen, wenn sie erst an der Wasserkunst stand, dem Ursprungsort ihrer Erzählung. Sie lief auf das Rathaus 24 zu, das sich imposant an der Nordseite des Marktplatzes erhob. Der Alte Schwede 25 wetteiferte mit der Schönheit des stattlichen Gebäudes, doch Karoline hatte keinen Blick dafür. Sie musste ihre Gedanken ordnen, Klarheit gewinnen.

Sie stellte sich vor den Brunnen, schloss die Augen und ging ihre Story noch einmal in Ruhe durch. Langsam formte sich ein neues Gebilde. Ein paar der alten Figuren konnte sie weiterverwenden. Bine hatte recht: Sie musste sich auf die Geschichte einlassen. Nicht nach rechts oder links sehen. Einfach ihre Gedanken genießen. Dann würde Nikolai schon von allein verschwinden. Schließlich war auch nur er es, der ständig mit ihr sprach. Die anderen Figuren hatten keine eigene Stimme. Sie vermischten sich miteinander, wurden zu einem einzigen Wirrwarr, aber sie waren leise und es würde leicht sein, sie zu verdrängen. Mit Nikolai wäre es schwieriger, aber durchaus machbar.

Vor Karolines innerem Auge spulte sich ein Film ab. Langsam verebbten die Geräusche der Gegenwart. Sie befand sich am Marktplatz inmitten ihrer Geschichte. Gerade stritten sich zwei Bürger. Sie hatten gehört, dass Philipp Brandin nicht weiterbauen durfte, weil der Rat und die Bürgerschaft sich verstritten hatten. Brandin verlangte Schadensersatz. Der eine Bürger war Lukas Schnazel, ein junger Mann, der eigentlich auf der Suche nach einer Amme für seinen neugeborenen Sohn war, denn sein Weib hatte zu wenig Milch. Doch die Zeit für Ammen war schlecht, zumindest, wenn man so wenig Geld zum Leben hatte wie Lukas Schnazel, der Philipp Brandin zur Hand gegangen war und nun keine Arbeit mehr hatte, solange die Wasserkunst am Markt ruhte. Auf die beiden Bürger kam eine junge Frau zu, die eine vortreffliche Oberweite vorzuweisen hatte. Sie kam aus der Tittentasterstraße 26, einer engen Gasse, in der zahlreiche Ammen wohnten. Dieses vollbusige Weib erschien ihm wie ein Geschenk des Himmels. Sofort griff er nach ihrer Brust und drückte sie zusammen, um zu testen, wie viel Inhalt sie hatte. Doch er hatte die Rechnung ohne die Frau gemacht. Sie ohrfeigte ihn und lief mit wiegendem Gesäß davon.

Karoline wurde ruhiger. So konnte es gehen. So wirkte es rund. Sie würde es schaffen und weder Leser noch Agentur oder Verlag enttäuschen.

Plötzlich war Nikolai wieder da. Er ließ sie nicht in Ruhe. »Gib dir keine Mühe, Karo. Du wirst mich nicht los, egal, wie sehr du diese Geschichte in Gedanken oder in Wirklichkeit umschreibst. Ich bin immer da! Ich bleibe in der Story und ich bleibe Hauptfigur. Ob es dir gefällt oder nicht.« Die Stimme wurde lauter. Bestand sie zunächst noch aus diesem nuscheligen Zischen, bekam sie jetzt Klangfarbe, verlangte dadurch stärker nach Gehör.

»Geh weg!«, schrie Karoline. »Ich will, dass du verschwindest. Du existierst nicht einmal!« Unterdessen war es stockdunkel geworden und der Marktplatz bis auf wenige Menschen leer. Diese blickten erstaunt auf, als Karoline nach diesen Worten über den Platz rannte. Sie rannte, als gelte es ihr Leben. Bloß weg von diesem Nikolai, weg von der Stimme, vor der sie nicht weglaufen konnte. Sein hämisches Lachen dröhnte in ihren Ohren, hallte wie ein Echo nach und erschütterte sie mit jeder Silbe. Was hatte sie da für ein Ungeheuer erschaffen? Mittlerweile kam es Karoline so vor, als säße er in ihrem

Ohr, quetschte mit seinen behaarten Armen ihren Brustkorb zusammen, sodass sie kaum Luft bekam.

Karoline rannte weiter, wusste gar nicht mehr, wohin sie sich wenden sollte. Sie wollte nach Hause, sich die Decke über den Kopf ziehen. Doch dort wäre Nikolai noch übermächtiger. Also raste sie die Krämerstraße entlang. Am Hafen würde sie freier atmen können, vielleicht wagte es Nikolai nicht, die schützende Altstadt Wismars zu verlassen. Ihre Füße trugen sie weiter, immer begleitet von dem lauten Lachen ihrer bösen Figur. Sie hastete vorbei an dem kleinen Samenlädchen, vorbei an der Buchhandlung, mit der sie immer gern zusammengearbeitet hatte, bis sie mit keuchendem Atem in der Scheuerstraße ankam. Am Haus des Konsul Häusslers 27 hockte sie sich hin, um zu Atem zu kommen. Karoline lehnte sich zunächst an das helle Mauerwerk, setzte sich dann auf die Treppe mit der weißen Holztür. Die Straße lag still vor ihr. Endlich war sie allein. Nikolai schien verschwunden, genau wie die Menschen, denen sie eben noch begegnet war.

Durch diese Straße fuhren in ihrem Roman die Kutschen hindurch. Schwer beladen mit Waren und Baumaterialien. Bettlerkinder mischten sich unter die gut gekleideten Leute, eines griff heimlich in die Manteltasche eines Kaufmannes und zog etwas heraus, was es in der Tasche seiner zerfetzten Hose verschwinden ließ. Es war eine gute Szene, lebendig, bunt. So wie es sich für einen historischen Roman gehörte. Sie musste nur noch überlegen, was genau das Bettlerkind gestohlen hatte und auf welche Weise sie diese Handlung mit der Grundhandlung in Komposition bringen wollte. Sie würde es schaffen, Bine hatte recht. Am besten wäre es, sofort den Plot umzuschreiben, damit sie Nikolai die Macht nahm. Bestimmt würde er von ganz allein abhauen.

Als ihr Herzschlag sich beruhigt hatte, stand Karoline auf und taxierte den Straßenzug. Hier war kein Nikolai, niemand, der ihr etwas Böses wollte. Ihre wirren Gedanken hatten ihr einen Streich gespielt. Unsicherheit war ein schlechter Ratgeber. Auch wenn Bine von einer Künstlerseele keine Ahnung hatte, so waren ihre Ratschläge durchaus in die richtige Richtung gegangen. Das hatte ihr die Möglichkeit gegeben, die Wende mit Lukas und der Amme einzubauen. Das war gut, sie konnte die Geschichte mit einem völlig neuen Plot weiterspinnen.

Karoline erhob sich, streckte den Rücken durch. »Hallo, Karo«, krächzte Nikolais Stimme. Es war, als säße er auf ihrer Schulter und hauche ihr seinen schlechten Atem ins Ohr. Er hatte Bier getrunken und Wurst gegessen. Seine braunen, fauligen Stumpen rochen süßlich.

»Du kannst mir nichts mehr, Nikolai. Ich habe dich erschaffen und ich kann dich herausschreiben, wenn ich das so will«, sagte Karoline.

Plötzlich wurde ihre Schulter wieder leicht. Nikolai war offenbar herabgesprungen und verschwunden.

»Na warte, du Bastard, ich kriege dich in den Griff!« Es war wirklich ganz einfach, dachte Karoline. Schon bald hätte Nikolai keine Macht mehr über sie und konnte sie nicht weiter ängstigen. Sie würde nun rasch nach Hause gehen, sie hatte genug Zeit mit Geisterstimmen verschwendet.

Als sie an einer Hofeinfahrt vorbeikam, glaubte sie erneut, Nikolais Stimme von dort zu hören. Sie verlangsamte den Schritt. Das Tor stand offen, das Kopfsteinpflaster lag im Mondschein vor ihr. Am Ende des Torbogens verharrte eine Gestalt, die ihr sehr bekannt vorkam. Gebückte Haltung, verwahrlost, zotteliges Haar. Nikolai, kein Zweifel. Er hatte die Beine leicht gespreizt und die Arme vor der Brust verschränkt. Dabei wiegte er mit dem Kopf hin und her. Er sagte aber nichts mehr, sondern taxierte Karoline von oben bis unten. Jetzt war er vermutlich der Szene entstiegen, wo er sich im Kampf gegen den Handwerksmeister am Bein verletzt hatte und eine Gehhilfe brauchte. Wie verrückt war das alles? Es musste aufhören, und zwar sofort. Es war unmöglich, dass eine Romanfigur in ein irdisches Leben überging und das Handeln der Schriftstellerin bestimmte.

In Karoline wuchs schlagartig ein übermächtiger Hass auf Nikolai. Er war ihre Erfindung, ihr Geschöpf und maßte es sich an, über sie und ihr Schaffen zu urteilen. Er musste weg. Er war schlimmer als alle Kritiker ihrer Bücher. Nikolai hatte es geschafft, dass sie aus Furcht vor ihm und seinen Freunden keine einzige Zeile mehr schreiben konnte. Vorher war sie unsicher gewesen, jetzt aber war sie handlungsunfähig geworden. Es wurde Zeit, dass er verstummte. Und zwar endgültig.

Sie bückte sich und ergriff einen Stein, der lose ans Mauerwerk gelehnt stand. Nikolai rührte sich nicht vom Fleck, sondern starrte sie weiter herausfordernd an.

Karoline rannte auf ihn zu. Dennoch blieb er stocksteif stehen, wirkte mittlerweile eher überrascht. Karoline holte weit aus und knallte den Stein mit voller Wucht gegen seine Schläfe. Sie war wie von Sinnen. Immer wieder hieb sie auf ihn ein. Sie genoss das Bersten der Knochen, störte sich nicht an dem vielen Blut, das ihr gegen Ärmel und Handgelenke spritzte. Er würde sie nicht länger quälen. Nie mehr. Er würde verschwinden und sie von nun an in Ruhe arbeiten lassen. Für immer verstummen. Mit den Kritikern allein würde sie schon fertig werden.

Irgendwann rührte Nikolai sich nicht mehr. Um Karoline herum war es beängstigend still. Nikolais dreckiges Lachen war nicht mehr zu hören, sein übler Atem wie weggeblasen. Es war vorbei.

Über ihr wurde ein Fenster geöffnet und eine junge Frau sah in den Hof. »Vater, wo bleibst du? Das Essen wird kalt. Vater?« Die Stimme hallte unheilvoll zwischen den Häuserwänden wider. Karoline stand langsam auf, blickte auf ihre blutverschmierten Hände, dann zu dem Toten, über dem sie noch immer kniete. Vor ihr lag ein kleiner alter, ihr völlig unbekannter Mann.

FREIZEITTIPPS

13 Gotisches Viertel und Archidiakonat
Das Archidiakonat befindet sich im Gotischen Viertel, was auch allein einen intensiven Blick wert ist, selbst wenn ein Bombenangriff im Zweiten Weltkrieg die damals enge Bebauung zerstört hat. Kleine Teelädchen, Kaffeeshops oder ein kuscheliger Buchladen sind hier ebenso zu finden wie die Sargmacherstraße, deren Name schmunzeln lässt und die Fantasie anregt. Das Archidiakonat ist ein gotischer Bau aus dem 15. Jahrhundert. Es wurde 1885 restauriert und nach der Zerstörung 1945 und nach starker Beschädigung 1960 bei der Sprengung der Marienkirche wieder neu aufgebaut.

14 Wasserkunst
Heute dient die Wasserkunst nur noch als Zierde, doch in vergangenen Zeiten war sie von immenser Bedeutung für Wismar. Die Wasserkunst befindet sich auf dem Marktplatz direkt vor dem Reuterhaus. Mit dem Bau begann man im 16. Jahrhundert, als der Wasserbedarf der Bevölkerung unter anderem wegen des Bierbrauens stieg. Das Wasser wurde durch Holzröhren über fünf Kilometer zum Marktplatz geleitet, doch der alte Brunnen musste ersetzt werden. Deshalb baute Philipp Brandin die Wasserkunst über dem alten Holzbrunnen. Es konnten 220 Häuser und 16 Schöpfstellen mit Quellwasser versorgt werden. 1861 wurde alles modernisiert und die Holzrohre ausgetauscht. Schön anzusehen sind,

neben dem übersetzten Zitat, auch die Skulpturen »Nix und Nixe«.

15 **Wassertor**
Die Höllenpforte oder auch Helleporte ist der Übergang von der Altstadt Wismars zum Alten Hafen. Auf was sich die sogenannte Hölle bezieht, ist unklar. Es könnte sowohl die Stadt als auch der Hafen gemeint sein. Das Wassertor befindet sich am Ende von Am Spiegelberg. Es gehörte zur Stadtbefestigung, wurde 1450 erbaut. Es war das einzige, was zum Hafen führte, und es ist das letzte erhaltene Stadttor. Auf dem Boden im Durchgang befindet sich ein eingelegtes Bild, auf dem Nosferatu abgebildet ist, ein Film, der im Jahr 1921 in Wismar gedreht wurde.

16 **Alter Hafen Wismar**
Der Alte Hafen besticht allein durch seine fantastische Lage mit Blick auf die historische Altstadt Wismars. Der Hafen liegt in der geschützten Wismarer Bucht, was als ein Grund dafür anzusehen ist, dass man um 1200 einen Hafen mit Handelsplatz angelegt hat.
Zu Beginn gab es 1211 lediglich Liegeplätze für zwei Koggen, doch schon bald entwickelte sich der Hafen zu einem wirtschaftlichen Knotenpunkt. Dem Alten Hafen schließen sich heute weitere moderne Häfen wie der Überseehafen, der Kalihafen oder auch ein Segel- und Yachthafen an. Als Grafik wirkt die Wismarer Bucht mit den Hafenausläufern, als strecke jemand seine vier Finger in Richtung Stadt aus.
Im Juni finden im Alten Hafen die Wismarer Hafentage statt, die jährlich Tausende von Besuchern

anziehen. Das Gelände wird dann zu einer einzigen Jahrmarktwiese mit Riesenrad, Karussells und Musikbühnen.

17 »Café Glücklich«, »Café Sinnenreich«, »Café Milchmädchen« und »Café Allerliebst«
Läuft der Besucher vom Bahnhof aus in die Altstadt, erwartet ihn eine Art wundersame, ich nenne es mal Caféstraße. Es handelt sich um eine Aneinanderreihung kleiner Cafés mit eigenwilligen Namen und Wohlfühlatmosphäre. Schon Hinter dem Chor wartet das »Café Sinnenreich«. Hier erlebt man eine wundervolle Auszeit bei hausgebackenem Kuchen, stilvollem Ambiente und Kunst in individuell und gemütlich gestalteten Räumen. Direkt an der Schweinsbrücke gelegen trifft der Besucher auf das »Café Glücklich« mit ähnlich harmonischer Atmosphäre. Der Gast wird schon auf der Straße mit einem ganz eigenen Hinweisschild begrüßt: *Glück ist hausgemacht.* Und die Spezialitäten sind es auch. Direkt in der ABC-Straße befindet sich das »Café Milchmädchen«, ein ebenso uriges Café, wo das Einkehren genauso lohnt (ob man dort auch eine Milchmädchenrechnung erhält?) wie im »Café Allerliebst«, einem Restaurantcafé in der Weberstraße, einer Seitenstraße der ABC-Straße. Hier wird in Wohnzimmeratmosphäre serviert. Allein der vier Cafés wegen sollte man diesen Teil der Altstadt besuchen.

18 **Karstadt-Stammhaus**
Zwar legte Rudolph Karstadt 1881 den Grundstein für sein erstes »Tuch-, Manufactur- und Confecti-

onsgeschäft« in Wismar, doch handelt es sich bei der heutigen Karstadt-Filiale um die kleinste in ganz Deutschland. Sie ist untergebracht in einem angeschrägten Jugendstilbau, der spitz auf zwei Straßen zuläuft. Zu finden ist das Karstadt-Stammhaus am Rudolph-Karstadt-Platz 1 in der Nähe der Krämerstraße.

19 Krämerstraße

Die Krämerstraße in Wismar ist von jeher eine alte Kaufmannsstraße mit vielen Läden. Auch heute findet man dort eher kleine Geschäfte, wie einen urig anmutenden Gartenhandel oder die Buchhandlung Peplau und natürlich Cafés und Restaurants. Die Krämerstraße ist geprägt von wunderschönen Giebelhäusern, die einen rasch vergessen lassen, in welchem Jahrhundert sich der Gast gerade befindet.

20 Frische Grube

Die Frische Grube zieht sich durch den nördlichen Teil der Altstadt und ist eine Fortsetzung des Wasserlaufs Mühlengrube, der wiederum zum Mühlenbach gehört und vom Mühlenteich im Osten Wismars gespeist wird. Die Frische Grube fließt direkt zum Alten Hafen. Sie diente früher zum Wäschewaschen, zum Transport von Waren und natürlich zur Trinkwasserversorgung. Bei der Frischen Grube handelt es sich um einen der ältesten Wasserläufe Deutschlands. An der Frischen Grube liegt auch der alte Ziegenmarkt. An seiner Seite findet man schmale Gässchen mit wunderschönen alten Fachwerkfassaden und interessanten Giebelkonstruktionen. Die Kirche St. Nikolai befindet sich ebenfalls am nördlichen Ufer der Frischen Grube.

21 Wismarer Lesegärten

Die Wismarer Lesegärten sind vor allem für das literarisch interessierte Publikum ein echtes Highlight. Sie werden organisiert vom Förderverein der Stadtbibliothek Wismar. Gelesen wird in den verwunschenen Gärten der Stadt. Jede Lesung findet zu verschiedenen Themen statt. Es gibt Veranstaltungen für Kinder und Jugendliche, historische Lesungen, Plattdeutsch und vieles mehr. Ein Besuch lohnt sich.
Mehr Infos beim Förderverein der:
Stadtbibliothek Wismar
Ulmenstraße 15
Telefon: 03841/213213

22 Heringstage

Die Heringstage in Wismar finden stets im Frühjahr statt und werden vom »Hanseatischen Köcheclub Wismarbucht« veranstaltet. Der Hering ist seit jeher von großer Bedeutung für die Ostseeküste. Schon damals wurde er mit Salz haltbar gemacht und war eine begehrte Handelsware für ganz Europa. Die Heringstage beginnen mit der Anlandung des Fisches am Alten Hafen, es findet ein Umzug von dort zum Marktplatz statt, wo die frischen Heringe gebraten und verkauft werden. Die Restaurants Wismars servieren während der Heringstage alle Köstlichkeiten rund um den Hering. Die Tage enden mit einem Fischmarkt am Alten Hafen und haben als Ziel, auf die große wirtschaftliche Bedeutung dieses Fisches hinzuweisen.

23 Schabbellhaus
Das Schabbellhaus wurde 1571 vom späteren Bürgermeister Heinrich Schabbell als Wohnhaus errichtet. Es liegt direkt an der Schweinsbrücke, die mit vier Skulpturen ausgestattet ist. Natürlich mit Schweinemotiven in verschiedenen Formen (stehend, hockend, sich suhlend und kniend). Das Schabbellhaus ist ursprünglich erbaut im niederländischen Renaissance-Stil mit vielen spielerischen Elementen und diente im Laufe der Zeit unterschiedlichen Zwecken. Seit 1979 ist darin das Stadtgeschichtliche Museum mit zahlreichen Sammlungen aus der Zeit Wismars beheimatet.

24 Rathaus
Das imposante Wismarer Rathaus liegt am Marktplatz, der genau 100 × 100 Meter misst und zu den größten Marktplätzen in Deutschland zählt. Das Rathaus dominiert den Platz und nimmt fast die gesamte nördliche Breite ein. Erbaut wurde es ursprünglich von Johann Georg Barca, es wurde jedoch immer wieder neu aufgebaut. Die gesamte Stadt Wismar ist rings um den Marktplatz entstanden. Im Rathaus befinden sich, neben den Verwaltungen, auch eine Zweigstelle der Touristinformation und ein großer Festsaal. Interessant ist auch der gotische Keller.

25 Alter Schwede
Der Alte Schwede liegt direkt am Markt und besticht durch eine einzigartige Architektur. Er gilt als Wahrzeichen Wismars und wurde 1380 erbaut. Vermutlich war das Gebäude zuerst ein Kaufmannshaus. Hin-

weise bieten die Speichergeschosse über der Diele. Im Laufe der Zeit wurde das Haus mehrfach umfunktioniert. Seit 1878 dient es als Restaurant, das aber nicht durchgängig geöffnet war. Heute gilt der Alte Schwede als sehr gute Adresse.

26 Tittentasterstraße

Dieser Name mutet lustig an und die Straße ist allein deswegen einen Besuch wert. Sie liegt inmitten der Altstadt als Abzweigung vom Marktplatz. Bei einem solchen Namen drängt sich die Frage auf, woher der wohl stammen mag. Es gibt ein paar logische Ansätze, die Hinweise geben. Einer davon sagt, die Gasse sei früher so eng gewesen, dass sich die Menschen dicht gedrängt aneinander vorbeischieben mussten. Ein anderer sagt, hier hätten die Ammen gelebt und deren Milchproduktion wurde durch Tasten erfühlt. Was auch immer stimmen mag, diese Straße sollte man aufsuchen und sich unter dem Schild fotografieren lassen. Die Lacher sind gewiss.

27 Haus Konsul Häussler

In der Scheuerstraße befinden sich in Wismar viele beeindruckende Giebelhäuser und eines davon ist das ehemalige Brauhaus von Konsul Häussler. Drei Wappen zieren das weiße Eingangsportal, das ringsum mit bunten Farben eingefasst ist. Es ist im 14./15. Jahrhundert erbaut und diente als Wohn- aber auch als Lagerhaus. Den einstigen Prunk kann man leider nur noch erahnen – ein Besuch in der Scheuerstraße lohnt dennoch allemal.

3. INSEL POEL

Die Ostseeinsel Poel ist über einen Damm zu erreichen und liegt in der Wismarer Bucht. Der elf Kilometer lange Sandstrand und die kleinen lauschigen Orte machen eine Reise dorthin zu einem außerordentlichen Erlebnis. Besonders geeignet ist die Insel für einen entspannten Familienurlaub, denn die Ostseebäder haben keinen Durchgangsverkehr und die Strände sind meist flach und kinderfreundlich.

Steilküsten wechseln sich mit Stränden ab, wer mag, kann auf Poel eine einzigartige Natur erleben. Mit dem Vogelschutzgebiet auf der vorgelagerten Insel Langenwerder bei Gollwitz bieten sich vielfältige Möglichkeiten. Kinder können sich an der Muschel- oder Bernsteinsuche erfreuen oder sind glücklich, wenn sie einen Hühnergott erspähen. Als Hühnergott bezeichnet man einen Feuerstein mit einem Loch, dem man Glückskräfte nachsagt.

Wer mag, kann sich die Zeit auch mit Reiten und Angeln vertreiben und natürlich ist jeglicher Wassersport möglich. Gut ausgebaute Radwege laden zu ausgiebigen Touren ein. Wer Erholung und Natur sucht, wird sich auf der Insel Poel wohlfühlen.

Weitere Infos:
Kurverwaltung Ostseebad Insel Poel
Wismarsche Straße 2
23999 Ostseebad Insel Poel/OT Kirchdorf
Telefon: 038425/20347
E-Mail: kurverwaltung@insel-poel.de

Anreise:

Mit dem Pkw von Wismar kommend über den Damm auf die ausgeschilderte Insel fahren. Von dort sind die Badeorte angezeigt.

Bus oder Bahn: Von Wismar aus gibt es regelmäßige Busverbindungen nach Timmendorf, Kirchdorf und Gollwitz.

ENDLICH FREI

Katja wollte nur noch weg aus Bremen. Ihr Leben war dort unerträglich geworden. Sie war auf dem Weg nach Poel, denn die Insel war ein guter Ort, um auf andere Gedanken zu kommen. Ausgiebige Strandspaziergänge, Fahrradtouren und die Ruhe erachtete sie als beste Therapie, um Abstand zu ihrem bisherigen Alltag zu bekommen. Sie musste reflektieren, was geschehen war, wie sie überhaupt in diese vertrackte Situation gelangen konnte.

Schon lange hatte sie bemerkt, dass die Enge der Stadt ihr nicht mehr guttat, und die Beziehung zu Peter erst recht nicht. Mit diesem Urlaub sollte ein neues, selbstbestimmtes Leben beginnen. Sie war in den letzten zwei Jahren zu Peters Spielball geworden. Manipuliert, überwacht und fremdbestimmt. Doch das war nun vorbei. Er hatte die Macht über sie verloren. Sie war endlich wieder sie selbst. Es fühlte sich verdammt gut an.

Katja nahm sich zunächst in Wismar ein Zimmer, weil sie von hier aus an der kombinierten Schiffs- und Busfahrt **28** teilnehmen konnte. Während der Rundfahrt würde sie entscheiden, wo genau sie ihren Urlaub auf Poel verbringen wollte. Bei einer solchen Tour konnte sie die Insel am besten kennenlernen.

Sie ergatterte ein Ticket und fuhr mit dem Bus auf die Inselkirche **29** in Kirchdorf zu. Diese Kirche ragte weit sichtbar über das Land und strahlte Ruhe und Beständigkeit aus. Kirchdorf selbst war ein gemütlicher Ort, der ihr Poel augenblicklich schmackhaft machte. Hier würde sie sich wohlfühlen, endlich ihren Frieden finden und alles hinter sich lassen. Peters wüste Beschimpfungen, wenn sie sich nicht so verhielt, wie er es sich vorstellte. Wenn sie es wagte, eine eigene Meinung zu haben. Er war ein Meister darin, sie mit Worten zu verletzen und zu demütigen. In der Regel war Katja während seiner Attacken still, ließ sie über sich ergehen. Ihr fehlten einfach die Worte, obwohl sie sich durchaus in ihrem Kopf formiert hatten, es ihr aber unmöglich war, sie auszusprechen, solange er auf sie einredete und ihr deutlich machte, für wie dumm und langweilig er sie hielt. Sie war völlig unfähig, sich zu wehren. Wagte sie es später einmal, fand Peter ihren Widerspruch albern und ignorierte ihn. »Ich höre dir sowieso nicht zu bei so viel Blödsinn, den du von dir gibst.«

Katja schluckte bei der Erinnerung daran. Am Ende hatte er jede Diskussion so gedreht, dass sie schuldig war und er im Recht. Es war das immer gleiche Schema, und auch wenn Katja es längst durchschaut hatte, war sie ihm gegenüber hilflos. Noch suchten sie Panikattacken heim, wenn sie an Peters Demütigungen dachte. Warum nur hatte sie sich das so lange gefallen lassen?

Katja blickte aus dem Busfenster hinaus in die schöne Landschaft. Besser, sie dachte nicht länger über Peter nach. Er war Geschichte.

Der Bus fuhr unterschiedliche Orte an und lenkte Katja von ihren düsteren Erinnerungen ab. Gut gefiel es ihr in Timmendorf, wo der weiße Leuchtturm [30] den Ort dominierte und man am Hafen und durch die schmalen Straßen bis zum Strand flanieren konnte. Während der kurzen Pause gönnte sich Katja einen Imbiss am »Inselfisch Fischkutter« [31]. Erst überlegte sie, hierher zurückzufahren und sich ein Zimmer zu nehmen, denn Timmendorf hatte wirkliches Flair. Aber dann entschied sie sich anders, weil ihr ein Flyer in die Hände fiel, dessen Inhalt sie faszinierte. Ein lang gehegter Wunsch war es, zu malen oder sich anderweitig künstlerisch zu betätigen. Das konnte ihr helfen, klarer zu denken, und vielleicht war es auch möglich, allen Ärger und Kummer zu vergessen. Malen, Zeichnen, Fotografieren **32** wurde ihr als Angebot offeriert. Das sprach sie an, genau so etwas suchte sie. Mit Peter war es unmöglich gewesen, kreativ zu sein.

Schon früher hatte Katja wunderbare Gemälde gefertigt, es mit der Zeit aber gelassen, weil Peter auch dafür nur Hohn und Spott übrig gehabt hatte. »Was soll denn das für ein Gekritzel sein? Kunst? Dass ich nicht lache!« Irgendwann hatte Katja die Lust daran verloren. Aber nun war es eine willkommene Gelegenheit, ihr Hobby wiederaufleben zu lassen. Niemand würde sie hier beschimpfen und sich über ihre Werke lustig machen. »Ich könnte allen Frust der letzten Jahre in kreative Energien freisetzen. Danach kann ich abschließen. Kunst befreit den Kopf«, sagte sie zu sich. Katjas Herz klopfte vor Vorfreude. Sie war auf einem wunderbaren Weg, mit alledem umzugehen.

Zurück in Wismar packte sie ihre Sachen. So schön die Stadt auch war, so deutlich war ihr aber auch geworden, dass sie jetzt keinen Menschen an ihrer Seite brauchte, sondern Ruhe und Einsamkeit suchte und sich auf Poel erheblich wohler fühlen würde.

In der Nähe vom Strand »Am Schwarzen Busch« hatte sie während der Rundtour kleine Häuschen gesehen, die man mieten konnte. Pensionen boten ebenfalls Zimmer an. Dort würde sie bestimmt eine Unterkunft finden. Das Vogelschutzgebiet Langenwerder **33** war von hier mit dem Fahrrad zu erreichen. Weil Katja sehr an der Natur und auch an der heimischen Vogelwelt interessiert war, plante sie einen Ausflug dorthin fest ein.

Peter hatte auch für die Natur kein Gespür gehabt. Hin und wieder schoss er Amseln mit der Flitsche, rupfte und briet sie. Vor allem im Sommer, wenn er nach seiner Ansicht zu früh am Morgen von deren Gesang geweckt worden war. »Strafe muss ein. Dieses Viech weckt mich nicht wieder.«

Weg mit diesen schrecklichen Gedanken, dachte Katja. Peter war nicht hier und würde in ihrer Gegenwart keine der gefiederten Tiere töten. Auf jeden Fall sagte Katja der Ort zu, denn auch nach Kirchdorf war es nicht weit. Für sie als Leseratte war es ein Genuss, dass sie sich in der Inselbibliothek **34** mittels ihrer Kurkarte Bücher ausleihen konnte. Lesen, malen, spazieren gehen am Meer … Wann hatte sie das zum letzten Mal getan? Es war ewig her, denn Peter war kein Romantiker und Spaziergänge gehörten nicht zu seinen favorisierten Aktivitäten. »Man kann die Zeit weiß Gott mit sinnvolleren Dingen füllen als mit einem Spaziergang, wo man doch irgendwie nichts tut. Nichtstun ist der Tod der Gesellschaft.«

Weg mit Peter. Er war Karrieremensch, immer auf der Leiter nach oben. Ihm fehlte die Muße für die Schönheit des Lebens. Sie hatten wirklich nicht zueinandergepasst. Aber nun konnte er Katjas Tätigkeiten nicht kommentieren. Sie würde inmitten der Natur und am Strand ihre Ausgeglichenheit und das Selbstbewusstsein zurückerlangen. Beides hatte Peter ihr genommen. Peter, immer wieder Peter. Verdammt, warum hatte er auch jetzt noch eine solche Macht über sie? Er war weit fort und konnte Katja nichts mehr anhaben. Sie steuerte auf eine Pension zu, die ihr sympathisch erschien.

Sie waren vier Jahre zusammen gewesen. Im ersten Jahr hatte sie Peter alle Liebesschwüre geglaubt, ihre tiefen Gefühle zu ihm hatten sie blind gemacht. Obwohl schon bald Anzeichen deutlich wurden, dass mit ihm etwas nicht stimmte, dass er versuchte, sie nach seinen Vorstellungen zu formen.

Katja wollte ihm weiterhin alles recht machen, doch je stärker sie sich verbog, desto mehr wuchsen ihre Zweifel, ob ihre Beziehung eine Zukunft hatte. Häufig reagierte Peter unwirsch, vor allem wenn er sich in die Ecke gedrängt fühlte, weil sie ihn bei einer Ungereimtheit ertappt hatte oder sie ihm widersprach. Als letzte Abwehr kam stets der Spruch: »Spionierst du mir etwa nach?«

Diesen Vorwurf hatte sie sich nie gefallen lassen wollen. Nachspionieren war negativ besetzt, dabei hatte sie immer nur zufällig bemerkt, wenn Peter sie angelogen und sie ihn darauf angesprochen hatte.

Seine verbalen Entgleisungen reichten irgendwann nicht mehr, um seinen Status zu festigen. Es kam der Tag, als ihm die Hand »ausrutschte«. Es verlief klassisch und genau so, wie man es immer wieder las. Peter war danach zerknirscht, entschuldigte sich wortreich und kaufte ihr Blumen. Katja, die früher lautstark verkündigt hatte, sie würde schon beim ersten Mal weglaufen, blieb. Glaubte an den einen Ausrutscher, glaubte an Besserung. Glaubte an seine Liebe zu ihr. Und begab sich damit auf den schmalen Grat zwischen Absturz und Überleben.

Seine Übergriffe wiederholten sich, wobei sie zunächst noch wenig schmerzhaft waren. Mal handelte es sich nur um einen leichten Klaps auf den Hinterkopf, mal trat er ihr gegen das Bein oder schlug ihr mit der Handkante in den Bauch. Und noch immer entschuldigte Katja seine

Übergriffe. »Schlagen ist etwas anderes«, sagte sie laut zu sich selbst, wenn die Zweifel übermächtig wurden. »Er rügt dich nur. Er ist eben ein Mann, der seine Freiheit braucht. Ich muss ihn einfach lassen. Schließlich gehört er mir nicht.«

Wenn Peter bemerkt hatte, dass Katja nach seinen Attacken wieder klein beigab, schlief er leidenschaftlich mit ihr, als Beweis, was sie ihm dennoch bedeutete. Damit gewann er immer. Katja war süchtig nach seinen Berührungen, seiner Art, sie sexuell zu besitzen. Peter wusste genau, wie man eine Frau anfassen musste, damit sie sich fallen ließ.

»Woher weißt du das alles?«, hatte Katja einmal unvorsichtigerweise gefragt.

»Erfahrung.«

Katja hatte geschluckt. Klar, sie war nicht die erste Frau in seinem Leben. Sie hoffte nur, dass sie die einzige in dieser Beziehung war. Zu fragen wagte sie nicht. Peter beantwortete ihre Unsicherheit ohnehin immer mit einem gewaltigen Redefluss, der von vornherein klarstellte, dass Katja im Unrecht war. »Ihr Frauen verlangt die totale Ekstase, aber wir sollen jungfräulich bei euch ankommen und uns dann nur mit euch weiterentwickeln. Dabei aber erfahrene tolle Lover sein. Das ist wie mit der Firma, die einen 18-jährigen Bewerber mit 20 Jahren Berufserfahrung sucht. Ihr wisst doch selbst nicht, was ihr wollt.« Das war sein Thema und er lamentierte fast eine Stunde lang über die Unzufriedenheit der Weiber, denen es die Kerle sowieso nicht recht machen konnten. Katja stimmte ihm am Ende einfach zu, damit er aufhörte, denn Peter neigte dazu, während dieser Monologe immer aggressiver zu werden.

»Dabei wollte ich doch das alles gar nicht, was er mir unterstellt hat«, flüsterte sie und betrachtete die Pension, die sie ins Auge gefasst hatte. Leider hing ein Schild im Fenster, dass sie bereits ausgebucht war, und Katja sah sich weiter nach einer Unterkunft um. »Ich wollte nur Liebe und ihn für mich allein.« In ihr krampfte sich bei der Erkenntnis alles zusammen, welche Macht Peter über sie gehabt und sich darin gesonnt hatte. Er war sich sicher gewesen, dass sie niemals gegen ihn aufbegehren würde, weil er sich für unfehlbar und Katja für komplett abhängig von ihm hielt. Vielleicht waren seine Schläge deshalb von Mal zu Mal heftiger geworden.

Katja hatte eine Straße weiter erneut eine kleine Pension entdeckt.

Die letzten blauen Flecken würden erst in einer Woche verschwunden sein. Peter hatte sie zu Beginn nur dort getroffen, wo es Außenstehenden nicht auffallen würde. Während die Schläge häufiger und heftiger wurden, war Peters Toleranz Katja gegenüber geschrumpft. Er gewöhnte sich an, sie wegen Kleinigkeiten zu attackieren und zu bestrafen. »Du hast das Falsche eingekauft! Ich wollte Mandarinen, keine Clementinen!« – Ein Schlag hinter die Ohren. »Das Waschbecken ist nicht sauber, da liegt noch eines deiner langen schwarzen Haare herum. Du bist eine Schlampe!« – Ein Hieb in den Bauch.

Katja konnte an der Pensionstür noch nicht klingeln, so sehr zitterte ihre Hand. Sie musste endlich aufhören, an Peter zu denken. Doch das war leichter gesagt als getan, denn das Martyrium war mit diesen Vorkommnissen noch lange nicht beendet.

In den letzten Monaten hatte Peter sie manchmal stundenlang eingesperrt oder ein paar Tage kein Wort mit ihr gesprochen. Und was hatte sie getan, um das zu beenden? Nichts. Absolut nichts. Sie hatte es nicht gekonnt, sondern stillgehalten. Weil sie Peter trotz allem liebte. Weil sie abhängig von ihm war. Jedes freundliche Wort, das er nach seiner Bestrafung an sie richtete, war Balsam für ihre geschundene Seele. Sie hatte danach gelechzt und verlangt, wie eine Verdurstende nach Wasser. Gleichzeitig hasste sie sich für ihre Unterwürfigkeit. Irgendwann hatte sie die Kenntnis erlangt, dass sie ihm hörig war. Doch sie hatte das rasch verdrängt und abgetan. Hörig, das war krank und das hätte sie vor sich selbst niemals zugegeben.

Nach Erscheinen des aktuellen Erotik-Bestsellers veränderte Peter seine sexuellen Vorlieben, weil er auf der Suche nach einem neuen Kick war, wie er behauptete. Natürlich beschäftigte er sich nicht wirklich mit der Thematik, sondern zog sich an der Vorstellung hoch, wie sehr es ihn anmachte, eine Frau zu schlagen, während er mit ihr schlief. Ob Katja das auch mochte, hinterfragte er nicht und auch sonst interessierte er sich nicht für den Kontext der Szene. Er pickte sich nur das heraus, was er als ansprechend empfand. Er war sich unglaublich gut dabei vorgekommen, wenn er Szenen aus »Fifty Shades of Grey« nachgespielt hatte. Katjas »Ich mag das nicht« überhörte er, ja, fühlte sich sogar durch ihre Ablehnung noch angestachelt, weiterzumachen. Ihr zaghafter Einwand, dass diese Liebesspiele nur funktionierten, wenn beide damit einverstanden waren, ignorierte er, wie er alles ignorierte, was Katja sagte.

Zu diesem Zeitpunkt hatte Katja zum ersten Mal nach psychopathischen Störungen gesucht und Peter eindeutig wiedererkannt. Die Kraft zu gehen hatte sie nicht, mischte sich jetzt doch auch noch die Angst dazu, er könne ihr etwas antun, wenn sie ihn verließ.

Er bemerkte ihre Unsicherheit nicht, erstand das Zubehör für seine neuen Spielarten in einschlägigen Shops und benutzte sie, wie es ihm gefiel. Peitschen, Halsbänder und all das. Oder er fuhr gleich zum nächsten Baumarkt. Dass er die Kabelbinder stets viel zu fest zurrte, sodass sie tiefe Spuren in Katjas Haut hinterließen, interessierte ihn nur am Rande. Mittlerweile cremte er ihre Blessuren auch nicht mehr selbst ein, sondern warf ihr allerhöchstens eine Salbe zu. »Sieh zu, dass das rasch verschwindet, ich mag keine Frauen mit Striemen.« Und Katja cremte. Katja schminkte die Verletzungen auf der Haut weg. Auf der Seele gelang es ihr nicht. Dagegen half nur wegsehen und ignorieren.

Ihr Atem hatte sich bei all den Erinnerungen beschleunigt. Sie war noch immer nicht in der Lage zu klingeln, sondern setzte sich müde auf die unterste Stufe der Veranda und ruhte sich aus. Vermutlich musste sie die Gedanken erst zulassen, bevor sie wirklich Abstand bekommen konnte.

Der Anfang vom Ende war dieses Bett gewesen, das Peter im Internet bestellt hatte. Es war für verschiedene Spielchen einsetzbar, weil es über eine vollautomatische Hebefunktion verfügte, mit der das Kopfteil per Fernbedienung nach oben und nach unten bewegt werden konnte. Er probierte mit Katja alles aus, was sie wie eine willige Puppe mitmachte. Sie fürchtete sich mittlerweile so sehr vor Peter, dass sie sich ihm gar nicht mehr widersetzte.

Seine Aktivitäten waren weit über Katjas Grenzen hinausgegangen, denn Peter war alles andere als achtsam gewesen. Nachdem Katja nach einem Spiel fast erstickt war, begehrte sie doch gegen ihn auf. Denn entweder würde er sie beim Sex umbringen oder weil sie nicht mehr mitmachen wollte. Rückblickend erschien es Katja wie die Wahl zwischen Pest und Cholera. Nach ihrer Gegenwehr hatten sich seine Augen binnen Sekunden zu engen Schlitzen verengt, seine Stimme hatte drohend geklungen, wie immer, wenn er sich in die Ecke gedrängt fühlte. »Stell dich nicht so an, ich weiß, wie das geht. Wenn ich Lust darauf habe, dann wird das gemacht. Bist du nicht willig, gehe ich woanders hin.« Der letzte Satz hatte Katja bislang immer wieder einlenken lassen, doch dieses Mal zog er nicht. Sie konnte nicht mehr.

Katja saß wie ein Häufchen Elend vor der Pension. Über ihre Wangen liefen Tränen, ein paar Passanten hatten sie bereits gefragt, ob sie Hilfe brauchte. Die hätte sie die letzten zwei Jahre benötigt, jetzt aber war sie frei. Jetzt gab es Peter nicht mehr in ihrem Leben.

»Ich verlasse dich, Peter«, hatte sie zu ihm gesagt, ungeachtet der Tatsache, wie wütend ihn das machte. »Ich kann dich nicht mehr ertragen.« Die beiden Sätze waren Katja nur herausgerutscht und gleich, als sie sie ausgesprochen hatte, war ihr klar, welchen Fehler sie begangen hatte. Einen Mann wie Peter verließ man nicht und wenn, dann war es besser, man machte sich klammheimlich aus dem Staub. Sein Kinn hatte vor Wut gezittert und danach wusste Katja, dass es die Hölle auch auf Erden gab. Bislang hatte Peter seine Züchtigungen immer so eingesetzt, dass kein Außenstehender sie bemerkte, doch dieses Mal schlug er ihr ins Gesicht.

Sie hatte sich eine Woche krankgemeldet, denn sie konnte sich nicht unter Menschen wagen. Wer hätte ihr einen Sturz abgenommen und wie peinlich wäre es, zugeben zu müssen, dass der eigene Freund sie grün, blau und blutig geschlagen hatte? Auch nach der Karenzwoche glich ihr Leben einem Spießrutenlauf, denn die Hämatome heilten nur langsam ab. Sie kam nicht umhin, doch etwas von einem Sturz zu erzählen. An den Blicken ihrer Mitarbeiter erkannte sie aber das Unbehagen, das Mitleid. Sie glaubten ihrer Ausrede nicht.

Von dem Zeitpunkt an hatte Katja ihre Flucht geplant. Sie musste das ganz allein bewerkstelligen, denn außer zu ihren Kollegen hatte sie keinerlei Kontakte mehr. Es gab in ihrem Leben nur Freunde von Peter und deren Frauen. Galant, wie er nach außen hin war, würde Katja kein Mensch glauben, durch welches Martyrium er sie schickte.

Sie wollte die unsichtbare Leine kappen. Heimlich, einfach abhauen, doch was immer sie auch versuchte, es funktionierte nicht. An jeder Stelle gab es einen Pferdefuß, der für sie unüberwindbar schien.

Letzte Woche aber hatte Peter ihr so derb in den Bauch getreten, dass Katja sich zweimal hatte übergeben müssen. Und seitdem war ihr klar: Wenn sie das hier überleben wollte, durfte sie ihren Abgang nicht länger hinauszögern. Dafür musste sie jeden Preis zahlen. In ihrer schmerzgepeinigten Nacht fasste sie einen folgenschweren Entschluss. Dazu musste sie noch ein einziges Mal sein kleines, liebes Frauchen spielen.

Sie schlüpfte in die schwarze Korsage, zog die halterlosen Strümpfe mit den Strapsen an und lockte ihn in das Bett mit den einschlägigen Funktionen. Als sie sich aber nun verführerisch auf dem roten Laken rekelte, war er nicht mehr zu halten. Sie hatte Whisky bereitgestellt, denn er liebte es, sich vor dem Sex einen Scotch zu genehmigen. Er bevorzugte Talisker wegen des rauchigen Geschmacks. Sie stießen an, Peter trank ihn für einen erfahrenen Whiskytrinker eine Spur zu hastig. Er freute sich offenbar sehr auf das, was Katja ihm allein mit ihrem Outfit versprach.

»Endlich bist du mal wieder das, was ich mir unter meiner Frau vorstelle«, sagte er. Sie ließ sich Zeit, wartete, bis seine Finger ruhiger wurden und er sich nicht mehr ständig gierig mit der Zunge über die feuchten Lippen fuhr. »Leg dich hin, Süße«, flüsterte er schließlich, doch Katja schüttelte langsam den Kopf. »Erst du!«, raunte sie mit der tiefsten Stimme, zu der sie fähig war.

Wenn Peter überrascht war, zeigte er es nicht. Er fügte sich wider Erwarten ihrem Wunsch und legte sich ahnungslos wie ein Kind aufs Bett, ließ sich sogar festschnallen. Das dem Whisky beigefügte Beruhigungsmittel hatte offenbar sofort gewirkt.

Katja genoss den Anblick, Peter wehrlos vor sich liegen zu sehen. Ein erhebendes Gefühl von Macht durchfloss ihren Körper.

Wenn sie jetzt daran dachte, schämte sie sich beinahe dafür. Doch war das nach dieser Zeit mit ihm wirklich so unverständlich gewesen?

Als sie das Bett zum letzten Mal benutzt hatten, hatte Peter Katja darauf fixiert. Sich daran erfreut, wenn er das Kopfteil hochfuhr und sie an den Knebeln, die sich fester und fester zogen, beinahe erstickt war. Katja hatte keine Chance gehabt, sich zu wehren. Nun lag er dort. Hilflos. Ihr ausgeliefert.

Sie hatte ihn angegrinst. Ihre Stimme klang härter als beabsichtigt. »Du glaubst also tatsächlich, ich will dir was Gutes tun, nach all dem, was du mir angetan hast?«

Peter hatte Katja ungläubig angestarrt. Seine Erektion klang sofort ab. »Du glaubst auch, ich hätte kein Geld, weil du mir alles weggenommen hast?« Katja wunderte sich selbst über die Ruhe, mit der sie Peter behandelt hatte. »Du weißt aber längst nicht alles. Ich habe eigene Rücklagen, die ich vor dir versteckt habe. Für einen Augenblick wie diesen.«

»Mach mich los! Was soll der Scheiß?«, hatte Peter gejapst, doch Katja war lediglich ein kühles Lächeln über das Gesicht geglitten. Sie hatte ihm die Ledermanschette um den Hals gelegt und sie mit der Hebevorrichtung des Kopfteils verbunden. So wie Peter es bei ihr getan hatte. »Mach mich los! Bitte!« Seine Stimme verlor an Überheblichkeit, klang fast unterwürfig. Außerdem wurde sie zunehmend schleppender.

Katja berührte seine Angst nicht mehr. Zu viel war passiert, als dass sie auch nur einen Funken Mitleid mit ihm hatte. Im Gegenteil. Ihr Machtgefühl verstärkte sich mit jeder Sekunde. Und es war um so vieles besser, als dieses Ausgeliefertsein. »Mein Großvater hat mir Geld hinterlassen. Ich bin unabhängig von dir!«

Ein Instinkt hatte Katja abgehalten, ihm davon zu erzählen. Jetzt nützte es ihr, um durchzukommen. Ein letzter winziger Überlebensfunken hatte sie hierher nach Poel verschlagen und ihr die Freiheit gebracht.

Endlich schaffte es Katja, aufzustehen und an der Pensionstür zu klingeln. Sie bekam ein helles Zimmer mit Blick auf die Wiesen. Doch sie wollte nur noch raus an die frische Luft. Die Ostsee genießen und vergessen.

Ihr erster Spaziergang führte sie an einer Galerie vorbei, wo man ihr eine Staffelei zur Verfügung stellte und ihr verschiedene Techniken der Aquarellmalerei zeigte. Sie durfte die Staffelei sogar mitnehmen, damit sie sich in der Natur in Ruhe ein Motiv suchen konnte.

Katja überlegte lange, was genau sie malen wollte. Am Strand war es recht voll und bei Weitem nicht so still, wie sie es angenommen hatte. Die Kurpromenade im Hintergrund war ähnlich belebt wie in Timmendorf, am Strand saßen etliche Gäste auf ihren Decken und genossen das Meer. Egal, dachte Katja. Ich habe es bis hierher geschafft und werde noch viel weiter gehen. Allein und mit aufrechtem Gang.

Sie lief ein Stück, ließ sich treiben vom Gefühl der Freiheit, die sie seit zwei Jahren nicht mehr genossen hatte. Es fühlte sich alles gut und richtig an. Sie würde bestimmt eines Tages jemanden finden, der sie wirklich liebte. Als sie sich nach den Tritten hatte übergeben müssen, war ihr deutlich geworden, was sie zuvor immer wieder verdrängt hatte. Das mit Peter war alles, aber ganz bestimmt keine Liebe, egal, was sie sich auch eingeredet hatte. Wer liebte, verletzte nicht. Nicht mit Worten. Nicht mit Taten. Nicht beim Liebesspiel. Wer das tat, war krank. So wie Peter.

Katja verweilte kurz und betrachtete die Möwen, die sich auf der Wasseroberfläche treiben ließen, lauschte dem Wellenschlag, der gleichmäßig an den Strand klatschte. Sie gelangte zur Gedenkstätte Cap Arcona 35, die sie schon gestern bei der Bustour besichtigt hatten. Wie viel Leid hatten die armen Häftlinge an Bord des Schiffes erfahren. In der freudigen Erwartung, die Rettung nahe. Stattdessen wurden sie von den Flugzeugen bombardiert, von denen sie sich Freiheit versprochen hatten.

Katja lachte laut auf. Ja, genauso hatte sie sich auch immer gefühlt. Von Peter Hilfe erwartet und Schläge bekommen. Nicht weiter darüber nachdenken. Es war vorbei. Sie war der Hölle entkommen. Es würde keine blauen Flecken mehr geben, keine blutige Lippe und kein Versteckspiel.

Katja stellte die Staffelei ab. In der kleinen Galerie hatte sie sich zeigen lassen, wie man mit geschöpftem Meerwasser Aquarelle herstellte. Eine Besonderheit des Malens, die es nur hier gab. Ruhe durchströmte Katja mit jedem Pinselstrich. Peters Macht über sie war in jener Nacht gebrochen worden. Sie liebte ihn längst nicht mehr. Es war eine grauenvolle Abhängigkeit gewesen, die sie an ihn gekettet hatte, aber diese Ketten hatte sie nun endgültig durchtrennt. Es hatte lange genug gedauert, bis ihr das gelungen war. Katja begann leise zu singen. Mit dem Lied »Freiheit« von Marius Müller-Westernhagen auf den Lippen malte sie Peters Kopf. Die Zunge hing ihm aus dem Hals, seine Hände waren gefesselt. Ein aus dem Ruder gelaufenes Liebesspiel. So, wie es beinahe mit ihr geschehen wäre.

Als er so hilflos vor ihr gelegen hatte, war alles Weitere ein Kinderspiel gewesen. Seine Beine hatten vor Angst gezittert, der Blick dunkel und tief. Doch sie hatte nicht eine Sekunde daran gezweifelt, genau das Richtige zu tun. Mit einem überlegenen Lächeln auf den Lippen hatte Katja das Kopfteil langsam höher fahren lassen. Jeden Augenblick seiner Pein hatte sie genossen und sich kein bisschen dafür geschämt. Erst war Peter blau angelaufen, hatte die Augen aufgerissen, doch er konnte nicht schreien, weil der Knebel seinen Mund verstopfte. Irgendwann waren seine zuvor geballten Fäuste kraftlos geworden, sein Kopf zur Seite gesackt. Katja hatte die Fernbedienung auf den Boden in Höhe seiner Hände gelegt, so als sei sie ihm heruntergefallen, bevor er das Unabänderliche hätte stoppen können.

Sie aber war offiziell schon in Wismar. Ihr Zimmer hatte sie bereits am Vortag gebucht und bezogen. Der perfekte Mord. Natürlich hatte sie eine Adresse hinterlassen und auch jetzt ihre Pensionsanschrift an seine Handynummer geschickt. Schon bald würde man ihr das Unvorstellbare mitteilen.

Ihre Hände zitterten kein bisschen, als sie jetzt das lädierte Haupt ihres Freundes übermalte. Es versank immer mehr unter den kräftigen Wellenschlägen der Ostsee, die sie zu diesem Bild inspirierten. So lange, bis er ganz darunter verschwunden war. Katja packte das Aquarell ein. Es war viel zu intensiv geworden, ein typischer Anfängerfehler. Anstelle von wenigen Pinselstrichen hatte sie zu dick aufgetragen. Aber Peter war weg. Von der Leinwand. Aus ihrem Leben. Sie übergab das Bild den Fluten.

Noch auf dem Rückweg klingelte ihr Handy. Die Polizei war dran. Sie wollten wissen, ob sie schon in dieser Pension angekommen war, weil sie mit ihr sprechen mussten. Sie hatten Peter also gefunden. Schneller als erwartet, denn die Zugehfrau kam nur donnerstags und das wäre morgen gewesen.

Als Katja an der Pension ankam, fuhr dort gerade der Streifenwagen vor.

Ein Polizist empfing Katja mit betretenem Blick. Es war ihm offensichtlich peinlich und unangenehm, was er zu sagen hatte. Katja atmete einmal tief ein. Ihre Rolle in dieser Situation hatte sie tagelang geprobt, die musste sie noch spielen, dann war es ein für alle Mal vorbei mit ihr und Peter. Es war ja nur für kurz, denn schon bald konnte sie wieder strahlen. »Ja bitte?«, fragte sie den Beamten.

Der klärte kurz die Formalitäten und räusperte sich anschließend. »Ich möchte Sie bitten, sich sofort mit der Klinik in Verbindung zu setzen. Peter Klein liegt dort auf der Intensivstation. Ihre Putzfrau wollte gestern außer der Reihe mal nach dem Rechten sehen und hat ihn gefunden.« Der Polizist streckte ihr eine Karte des Krankenhauses entgegen und machte eine Verlegenheitspause. »Er wurde in einer sehr delikaten Situation aufgefunden. Aber

heute ist man ja tolerant.« Erleichtert pustete der Mann aus. »Ihr Freund konnte in letzter Sekunde gerettet werden. Er braucht sie jetzt und will sie unbedingt sehen.«
Katja fiel der Schlüssel aus der Hand.

FREIZEITTIPPS

28 Inselkirche

Die Kirche mit dem 47 Meter hohen Turm fällt als Erstes auf, wenn man auf die Insel Poel fährt. Erbaut wurde sie im 13. Jahrhundert in romanisch-gotischem Stil als Backsteinbau. Das Langhaus und das Kirchenschiff wurden im Laufe der Zeit erweitert und umgebaut. Auffällig sind zwei Altäre aus dem 15. Jahrhundert. Das Innere der Kirche deutet auf eine typische Seefahrerkirche, denn es befindet sich auch ein großes Segelschiffsmodell darin. Insgesamt ist sie aber schlicht gehalten. In der Kirche finden auch Konzerte und Führungen statt und sie ist außerhalb der Gottesdienste und Veranstaltungen zu besichtigen.

29 Inselrundfahrt mit Bus und Schiff

Auf Poel werden vom 1. April bis zum 2. November kombinierte Schiffs- und Busfahrten angeboten. Gruppenfahrten können außerfahrplanmäßig gebucht werden (24 h vorher reservieren). Es gibt drei verschiedene Möglichkeiten der Touren:

Tour A: beginnt in Wismar am Alten Hafen. Von dort geht es nach Poel, wo eine 85-minütige Inselrundfahrt wartet. Mit einer 60-minütigen Schiffsfahrt geht es zurück nach Wismar.

Tour B: von Wismar aus mit dem Schiff nach Poel, dort findet die 85-minütige Inselrundfahrt mit dem Bus statt und zurück gelangt der Gast wieder mit dem Schiff nach Wismar.

Tour C: von Wismar aus mit dem Schiff nach Poel, von dort unternimmt der Bus eine zweistündige Inselrundfahrt. Die Rücktour nach Wismar findet ebenfalls mit dem Bus statt.

Weiter besteht die Möglichkeit, an einer alleinigen großen Inselrundfahrt teilzunehmen, bei der die Gäste auch auf der Insel zusteigen können, was aber zuvor reserviert werden muss. Reservierungen und Fahrpläne unter:

www.insel-poel-rundfahrten.de

oder unter: 03842/790442

30 Leuchtturm Timmendorf

Im beschaulichen Ort Timmendorf ist der weiße Leuchtturm schon von Weitem zu erkennen. Mit zunehmendem Schiffsverkehr von Poel nach Wismar war eine Landmarke in Form eines Leuchtturms notwendig geworden. Mit dem Bau wurde 1865 begonnen, vollendet wurde er aber erst im Jahr 1871. Der Leuchtturm ist noch immer in Betrieb. Es gibt noch ein zweites, allerdings kleineres Leuchtfeuer in der Nähe von Gollwitz.

31 Inselfisch Fischkutter

Auf der Insel Poel kann man an vielen Orten wunderbar speisen und natürlich ist Fisch meist die Hauptspeise. Auf der Homepage der Insel werden viele ansprechende Lokale vorgestellt, bei denen sich ein Besuch lohnt. In Timmendorf gibt es zudem eine Besonderheit: den Inselfisch Fischkutter. Er ist am Hafen zu finden und bietet neben Backfisch auch wunderbaren Frischfisch mit Salaten an.

Mehr Restaurants: www.insel-poel.de/essen-trinken-insel-poel.php

32 Zeichnen, Malen, Fotografieren

Die Insel Poel lädt förmlich dazu ein, sich kreativ zu betätigen. An jeder Ecke gibt es wundervolle Motive. Kreativität hilft, das Leben entspannter wahrzunehmen, und warum nicht mal einen Urlaub dazu nutzen? Den einen wird es reizen, die Landschaft mit Fotografien oder Filmmaterial einzufangen, ein anderer möchte vielleicht malen oder töpfern. Den Fantasien und Ausführungsmöglichkeiten sind keine Grenzen gesetzt. In Kirchdorf gibt es eine Töpferei, die gern in das Handwerk einweiht, außerdem kann der Gast seine Ideen in den zahlreichen Galerien und Ateliers in Kirchdorf oder am Schwarzen Busch in Kursen umsetzen.

33 Vogelschutzgebiet auf der Insel Langenwerder

Poel besticht durch eine einzigartige Natur. Schon vor hundert Jahren wurde im Norden die Insel Langenwerder zum Vogelschutzgebiet erklärt. Es war das erste in Mecklenburg-Vorpommern und seitdem dient es als Rückzugsort für rastende Seevögel. Sogar Kraniche werden dort immer häufiger gesehen. Fachkundige Führungen mit einem erfahrenen Ornithologen sind möglich. Näheres und Termine finden Sie im Veranstaltungskalender der Touristinformation.

34 Inselbibliothek

Natürlich gibt es auf Poel auch eine Bibliothek. Sie befindet sich in Kirchdorf und verfügt über Medien-

bestände aller Art. Neben den Büchern gibt es also auch CDs, Spiele, Hörbücher, Zeitschriften und alles, was das Leserherz begehrt. Auch die jungen Leser kommen nicht zu kurz. Die Benutzergebühr ist in der Kurkarte inbegriffen (für DVDs wird ein Betrag erhoben). Wer also keine schweren Bücher mit in den Urlaub schleppen möchte, kann sich hier eindecken.
Mehr unter:
Kurverwaltung
Wismarsche Straße 2
23999 Kirchdorf
Telefon: 038425/20287

35 Gedenkstätte Cap Arcona

Am 3. Mai 1945 bombardierten englische Flieger Schiffe, die in der Lübecker Bucht vor Anker lagen. Dabei wurde auch das Passagierschiff Cap Arcona getroffen. Dieses Schiff war voll mit Häftlingen, die die Nazis auf dieses und zwei weitere Schiffe getrieben hatten. Die Häftlinge glaubten beim Anflug der englischen Bomber noch an einen Befreiungsschlag, doch dem war leider nicht so. Nachdem die Angreifer weg waren, wurden die wenigen Überlebenden, die im Wasser um ihr Leben kämpften, auch noch von den SS-Wachmannschaften beschossen. Viele Tote wurden danach auf der Insel Poel angespült. Eine Gedenkstätte am Schwarzen Busch erinnert an diese Tragödie. Viele Opfer sind auf dem Friedhof in Kirchdorf beerdigt worden.

4. SCHWERIN

Schwerin ist immer eine Reise wert. Die Landeshauptstadt Mecklenburg-Vorpommerns ist so vielseitig wie ihre Geschichte und die Bauwerke. Ein beeindruckendes Gebäude ist zweifelsohne das Schweriner Schloss mit dem einzigartigen Schlosspark und seiner faszinierenden Botanik.

Die Seen rund um Schwerin locken genauso wie die Gassen und Kirchen und die mannigfaltige Kultur, die man in der Stadt erleben kann. Gemütlich sind die vielen kleinen Geschäfte, die sich unauffällig in das alte Stadtbild einfügen und dazu einladen, einfach mal reinzuschauen und stressfrei einzukaufen. Teeläden und Antiquitätengeschäfte wechseln sich ab mit Kindermoden, Dritte-Welt-Läden und Boutiquen.

Bekannt ist Schwerin unter anderem dank der Schlossfestspiele, bei denen stets hochkarätige Künstler mit phänomenalen Inszenierungen gastieren.

Wer mag, kann sich mit der Weißen Flotte und anderen Schiffen auf kleine und große Fahrten über den Schweriner See und die anderen Binnenseen begeben und dort entspannte Stunden erleben.

Radfahren am Ufer des Sees oder in die umliegende Landschaft ist ebenso empfehlenswert, wie ein Bummel entlang der vielseitigen Architektur. Die Bauwerke in der Münzstraße sind genauso interessant wie der Dom oder die Staatskanzlei. Zwischendurch laden gemütliche Cafés, aber auch ansprechende Restaurants zum Verweilen ein. Lassen Sie sich entführen in die Landeshauptstadt. Sie werden überrascht sein.

Weitere Infos:
Touristinformation Schwerin
Am Markt 14/Rathaus
19055 Schwerin
Telefon: 0385/5925212
info@schwerin.info
www.schwerin.info

Anreise:
Mit dem Pkw: über die A 20 von Wismar kommend auf die B 106, der Beschilderung folgen
Über die A 24 von Hamburg kommend auf die B 321, der Beschilderung folgen
Über die A 14 über die B 104, der Beschilderung folgen
Mit der Bahn: bis Schwerin Hbf.

MORD MIT STIL

Kommissarin Jasna Felden saß im Café Prag 36 und genoss den herbstlichen Nachmittag bei Cappuccino und einem Stück Apfeltorte. Noch zwei Tage Dienst, dann würde sie Schwerin verlassen und nach Rostock versetzt werden. Es war ihr eigener Wunsch, denn so gemütlich die Landeshauptstadt Mecklenburg-Vorpommerns auch war: Sie trat auf der Stelle, hier passierte absolut nichts. Tag für Tag ergossen sich Busreisende in die Straßen der Stadt, stürmten den Dom 37 oder nahmen an den zahlreichen Erlebnistouren 38 teil. Jasna liebte die 4-Seen-Fahrt 39, aber die würde sie in den verbleibenden Tagen nicht mehr schaffen. So gab es zumindest einen Grund, ab und zu hierher zurückzukommen. Trotz allem würde sie Schwerin und die Kollegen vermissen.

Am Nebentisch saßen zwei ältere Damen. Sie taten gebildet, vermutlich gehörten sie zu den Kulturtouristen der Stadt, die sich durch die Museen im Schweriner Schloss 40 und das Staatliche Museum 41 schoben.

»Hast du das Gemälde von Adriaen Hanneman, dieses Bildnis zweier Kinder im Park, wirklich richtig verstanden?« Die Diskussion über eines der berühmtesten Werke des Museums war zwischen den Frauen schon in vollem Gang. Jasna kannte die Menschen, ihr machte niemand etwas vor.

»Ja, dieses weiße, fast durchsichtige Kleidchen, das das Mädchen trägt«, flötete die eine Dame. Dezent schwarz und mit wallendem Stoff gekleidet, ihre Aussprache begleitete ein leicht zischender s-Laut.

»Also mir gefiel dieser kleine, wirklich winzige blaue Knopf in der Mitte am besten.« Ihr Gegenüber, eine Mittsechzigerin mit rötlich gefärbtem Haar nebst grausträhnigem Ansatz, dazu ein graues Kleid mit passendem Tuch, griff mit gespreiztem kleinem Finger zur Cappuccino-Tasse. »Natürlich sind auch die Trauben im Vordergrund sehr lebensecht, genau wie die linken Finger der zweiten Figur auf der Schulter des Mädchens. Der Maler liebt das Detail.« Der Löffel klirrte leicht, als sie die Tasse zurückstellte.

Die Schwarzgekleidete nickte. Sie fischte eine Zigarette aus einem Lederetui. »Dennoch sehe ich deinen Blickwinkel auf die Kunst zu eindimensional. Da merke ich deine fehlende Bildung.«

Die Dame sprach in Ich-Botschaften, war also auch pädagogisch voll auf der Höhe. Aber trotz aller Theorien fühlte sich die Rotgefärbte augenblicklich angegriffen. »Du brauchst dich gar nicht so aufzuführen, Magdalena! Zwei Semester Kunst und das vor über 40 Jahren reichen nicht aus, um mir meine Kompetenz abzusprechen, die ich mir autodidaktisch angeeignet habe.«

Magdalena gab sich unbeeindruckt und zündete die Zigarette an. »Autodidaktisch, Hannegret, Autodidaktisch hat immer etwas von Stümpertum. Ich meine, wer legt bei der Betrachtung eines Gemäldes von unschätzbarem Wert den Blickwinkel auf einen kleinen blauen Knopf. Das sagt doch alles!«

Hannegret schnaubte. »Deine Arroganz ist unerträglich, Magdalena. Ich glaube, wir sollten zahlen.«

Magdalena fand das auch, schob allerdings noch einen Satz hinterher. Sie war vermutlich eine Frau, die immer das letzte Wort haben musste. »Gut, dass sich diese Reise

auch mit einer so unwissenden Begleitung wie dir lohnt.«
Sie winkten der Kellnerin.

Jasna lehnte sich zurück. Sie hätte den weichen Stimmen der Frauen noch stundenlang lauschen können, die Zurschaustellung des geballten kultivierten Pseudowissens, gepaart mit Magdalenas unerträglicher Arroganz hatte etwas Komödiantisches.

»Wohin wollen wir jetzt, Hannegret? Das darfst du entscheiden. Zum Marstall [42] oder zum Marktplatz [43] mit Rathaus [44]?«

Jasna verstand die Antwort nicht mehr, weil ihr Handy klingelte. Es war Markus, der sie zum Essen einladen wollte.

»Restaurant Zur guten Quelle in der 2. Engen Straße [45]«, wiederholte Jasna und tippte die Uhrzeit in den Terminkalender ihres Handys. Markus war ein netter Kollege, sie würde ihn vermissen, und er sie vermutlich auch. Das Essen nachher würde nicht einfach werden, denn Markus war in Jasna verliebt, aber sie erwiderte seine Gefühle nicht. Sonst hätte sie wohl kaum die Versetzung nach Rostock angestrebt. Doch sie wollte ihm diesen Abschied nicht nehmen, denn sie schätzte ihn als Freund durchaus sehr. Außerdem genoss sie seine Bewunderung. Jasna trank den Kaffee aus und zahlte. Es war abgekühlt, die Sonne stand schon tief. So langsam leerten sich auch Schwerins Straßen, die Touristen bestiegen ihre Busse. Es wurde Zeit zu gehen, sie wollte sich vor dem Essen mit Markus noch etwas zurechtmachen.

Zwei Stunden später war Jasna ausgehbereit. Sie hatte sich für einen knielangen roten Rock entschieden und passend dazu ein graues Shirt, das sich vorteilhaft an ihren Oberkörper schmiegte. Die schwarzen Stiefeletten rundeten alles ab. Sie drehte sich vor dem Spiegel hin und her. So war sie weder zu aufreizend noch zu nachlässig gekleidet. Jasna prüfte ihr Outfit ein weiteres Mal, sie wollte Markus ja nicht in Verlegenheit bringen oder ihm falsche Hoffnungen machen. Sie wünschte sich einfach einen entspannten Abend mit ihrem Kollegen. Nach dem Essen gab es bestimmt noch die Möglichkeit, in einer der urigen Kneipen etwas trinken zu gehen und ihren Abschied gebührend, aber mit Anstand zu feiern.

Jasna warf einen Blick aus dem Fenster, das Wetter war konstant, kein Regen war zu erwarten, und so machte sie sich auf den Weg. Ihre Wohnung lag direkt am Pfaffenteich **46**. Im Sommer konnte sie auf die Wasserfontäne schauen, aber auch im Winter machte es Spaß, den Wasservögeln zuzusehen. Die schwimmende Schwaneninsel war immer einen Blick wert. Ab morgen würde sie packen, während Schwerin weiter vor sich hin schlief. Und sie konnte in Rostock ihren Horizont erweitern. Etwas mehr zu tun als hier, gab es dort bestimmt.

Jasna nickte den Schirmkindern am Pfaffenteich im Vorübergehen freundlich zu, so wie sie es immer tat, wenn sie an den beiden Gestalten vorbeikam. Jasna überfiel ein melancholisches Gefühl. Sie würde die Schirmkinder vermissen. Wie dumm war dieser Gedanke? Ihr Handy klingelte. Mühsam nestelte Jasna es aus der Jackentasche. Markus war am Apparat. Er klang nervös, beinahe hektisch. »Wir müssen das Essen absagen. Komm in den Burggarten **47**. Und bitte schnell!«

»Warum?« Jasna verstand nicht recht. Ihr Magen knurrte und sie hatte absolut keine Lust auf ein Rendezvous am Schloss oder was immer ihr Kollege bezweckte. »Ich hatte mich so sehr auf einen entspannten Abend mit einem leckeren Essen gefreut und würde nur ungern darauf verzichten. So viele wird es davon nicht mehr geben … Muss das sein?«

Markus druckste herum: »Klingt jetzt wirklich blöd, Jasna, aber wir haben eine Tote. So kurz vor deinem Weggang bekommst du noch einmal richtig was zu tun.«

Jasna schnappte nach Luft. »Weiß man schon, wer es ist?«

»Das ist noch unklar. Sie ist etwa 60 Jahre alt und sie liegt«, wieder machte Markus eine Pause, »nein, *liegen* ist das falsche Wort. Sie ist in diesen überdimensionalen Bilderrahmen drapiert worden. So als gehöre sie dort hinein.«

Jasna ahnte Schlimmes. Schluckte. Das wäre ein bisschen zu viel Zufall, doch konnte es tatsächlich sein, dass …? Intuitiv fragte sie: »Ist die Tote schwarz gekleidet oder grau mit roten Haaren?«

»Letzteres«, antwortete Markus. »Aber woher weißt du …?«

Jasna drückte das Gespräch weg. Verdammt. Diese Hannegret lag also in dem weißen Bilderrahmen des Burggartens, als wäre sie ein Teil des Bildes. Zumindest passte der Tod zu ihr, der vermeintlichen Kunstkennerin.

Tatsächlich wäre es schändlich gewesen, sie in die Grotte zu werfen oder im Schlossgarten 48 in einem der Laubengänge zu entsorgen. Wie grausam wäre es gewesen, sie im Schweriner See zu versenken, bis sie eines Tages als Wasserleiche wieder auftauchte. Eine Kunstliebhaberin zu einem Teil eines Bildes werden zu lassen, zeugte vom Stil des Mörders und nötigte Jasna Respekt ab. Und es grenzte die möglichen Täter ein. Hannegret war nur zu Gast in Schwerin gewesen, allzu viele Menschen konnten nichts von ihrer Kunstliebhaberei wissen.

Und noch etwas schoss der jungen Kommissarin durch den Kopf. Eine solche Inszenierung wirkte alles andere als wie ein Mord im Affekt.

Nun aber legte man ihr, Jasna, diese Tote als Abschiedsgeschenk vor die Füße. Wenn sie den Täter nicht rasch fasste, würde sich ihre Zeit hier verlängern. Sie hatte endlich einen Fall und den würde sie eigenständig lösen und sich ihn nicht aus der Hand nehmen lassen. In Jasna erwachte der innere Spürhund. Das Gefühl, auf das sie schon so lange wartete. Es erschien ihr selbst ein bisschen pervers, aber sie war dem Mörder beinahe dankbar, dass sie hier in Schwerin noch zu einer wahren Herausforderung kam und dann bei einer Leiche, die ihr nicht völlig fremd war und sie deswegen zusätzlich reizte.

Schon von Weitem sah sie das Polizeiaufgebot. Blaulichter zerhackten die Dunkelheit, der Burggarten war großflächig abgesperrt. Die Spusi war bereits da. Jasna zückte ihren Ausweis, aber der Beamte erkannte sie sofort. »Herr Winter ist dahinten«, sagte er in seinem breiten Dialekt, bei dem er das »E« am Ende von »Winter« in die Länge zog.

Jasna eilte an der großen Hängebuche mit den ausladenden Zweigen vorbei, direkt auf den Bilderrahmen zu. Der Schweriner See schimmerte dahinter fast schwarz, im unteren Teil des Rahmens hing eine Frau wie vom Maler hineingegossen. Es wirkte wie ein schönes Bild, doch es täuschte. Wüsste man nicht, dass sich hinter dem Bilderrahmen wirklich der echte Schweriner See befand, konnte man vermuten, ein Maler oder Fotograf habe sich mitten im Burggarten ausgetobt.

Doch das hier war weder ein Gemälde noch eine Fotografie, das war Realität. Jasna näherte sich der Szenerie, prägte sich alles ein, was wichtig sein könnte. Sie war in der Lage, ihre Eindrücke wie winzige Blitzlichter aneinanderzureihen und sie später als Film abzurufen. Zunächst blieb sie etwas auf Abstand, betrachtete das Bild genauer, war beinahe verärgert, wenn einer der weiß gekleideten Kollegen davor entlanghuschte. Dann stellte sie sich neben die Tote, bei der es sich zweifelsohne um Hannegret handelte. Ihre Kleidung, das rote Haar … unverkennbar.

»Wie ist sie gestorben?«, fragte sie nach einer knappen Begrüßung.

»Vermutlich erschlagen. Sie hat eine Wunde, die darauf hinweist.« Markus war neben sie getreten und zeigte auf den Hinterkopf. Das Blut war bereits geronnen und hatte eine Kruste gebildet, zuvor aber das Tuch am Hals durchtränkt. Hannegrets Augen waren weit geöffnet und sie starrte auf den Untergrund.

»Ich habe die Frau heute im Café sitzen gesehen. Sie war in Begleitung einer weiteren Dame, die sich als Kunstkennerin verstand und ganz in Schwarz gekleidet war. Deren Name ist Magdalena.«

Markus nickte anerkennend. »Du bist gerade erst am Tatort angekommen und weißt schon mehr als wir alle zusammen. Papiere hat sie nämlich nicht dabei. Respekt, Jasna!«

»Ich weiß noch mehr, Markus. Die Ermordete heißt Hannegret. Ihren Nachnamen kenne ich aber auch nicht. Hat sich schon jemand gemeldet? Wird sie von der anderen Frau vermisst?«

Markus wirkte merkwürdig bleich und ein wenig fahrig. Er schüttelte den Kopf. »Nein, da ist bislang nichts eingegangen. Vielleicht haben sie sich nach dem Besuch im Café getrennt?«

Jasna zuckte mit den Schultern. »Möglich ist das. Wer hat sie denn gefunden?«

»Einer der Wachleute, als er seinen Rundgang gemacht hat.«

Jasna sah sich suchend um und entdeckte einen Mann, der scheu herüberwinkte.

»Die hat bestimmt das Petermännchen, unser Schlossgeist, auf dem Gewissen«, witzelte einer der weiß gekleideten Polizisten. Er war gerade dabei, seine Sachen zusammenzupacken, die Spusi war mit ihrer Arbeit fertig, und warf noch einmal einen Blick auf die Tote. »Unser Petermännchen mag es nämlich nicht, wenn sich am Abend Touris im Park aufhalten.«

Jasna schüttelte verärgert den Kopf. »Für solche Späße haben wir jetzt keine Zeit. Also bitte: Wir müssen diesen Mord aufklären und zuerst ihre Begleitung, diese Magdalena, finden. Sie kann uns mehr über die Ermordete sagen.«

Als hätte die Frau nur auf ihr Stichwort gewartet, stürzte die gerade durch die Absperrung auf die Gruppe der Polizisten zu. »Das kann nicht sein! Das darf nicht sein! Hannegret!« Sie brach tränenüberströmt neben der Leiche zusammen.

Jasna trat einen Schritt auf sie zu. »Sie sind die Freundin der Toten?«

»Hannegret«, verbesserte sie die junge Kommissarin, und sofort haftete ihr dieselbe Arroganz an, die Jasna schon am Nachmittag aufgefallen war. »Sagen Sie nicht ›die Tote‹. Das ist meine Freundin Hannegret Wichtelmann!«

Nomen est omen, dachte Jasna in Erinnerung an die Erniedrigungen, die Frau Wichtelmann von Magdalena im Café hatte einstecken müssen. »Und wer sind Sie? Dass

Sie Magdalena heißen, ist mir bekannt.« Jasna zückte Stift und Notizblock.

Die Frau war einen Augenblick verwirrt, weil die Kommissarin ihren Vornamen kannte.

»Ich saß am Nachmittag im Café Prag am Tisch neben Ihnen«, erklärte Jasna schnell, denn es war wichtig, dass sie das Vertrauen der Frau behielt.

Die nickte erleichtert. »Sie kamen mir gleich so bekannt vor. Mein Name ist Magdalena Freibricht.«

Jasna notierte es und schaute sich nach Markus um. Der stand aber nicht mehr bei der kleinen Gruppe, sondern war verschwunden.

Dann eben ohne ihn, dachte sie, sammelte sich wieder und führte die Befragung fort. »Wo kommen Sie und Ihre Freundin her und was machen Sie in Schwerin?« Wo sonst nie ein Verbrechen geschieht, fügte Jasna in Gedanken hinzu.

Magdalena Freibricht fuhr nervös durch ihre schwarz getönten Haare. Sie trug noch immer dieselbe Hose mit dem weiten Kaftan. »Wir waren im Museum, haben uns die Gemälde der niederländischen Künstler angesehen. Dann sind wir zum Marktplatz ins Café im Säulenhaus. Doch Hannegret ging es plötzlich nicht gut und sie wollte schon mal ins Hotel zurückkehren.«

»Sie hat sich also allein auf den Weg gemacht?«

Magdalena Freibricht nickte. »Ja, aber als ich im Hotel ankam, war sie nicht da.«

»Wann hat Frau Wichtelmann Sie denn verlassen?«

»Sie ist gegen 18 Uhr losgegangen.«

»Dann ist es sehr wahrscheinlich, dass sie auf dem Weg ins Hotel ermordet worden ist.« Jasna sah auf die Uhr und warf dem Rechtsmediziner einen fragenden Blick zu, der ihre Theorie bestätigte. »Kommt hin, Frau Felden. Ist etwa zwei, vielleicht drei Stunden her.«

»Das Tor wird normalerweise um 23 Uhr verschlossen«, überlegte Jasna. »Der Park war also offen.«

»Das ist zwar richtig, aber es war zuvor schon stockdunkel, sodass sich nur noch wenige Besucher in der Anlage aufgehalten haben. Wenn überhaupt«, wandte einer der Beamten ein. »Und sie ist so geschickt in den Rahmen gelegt worden, dass sie auf Anhieb nicht auffällt.«

»Ein stilvoller Tod, wenn sie sich für Gemälde interessiert«, gab Jasna zu. »Nur wer wusste von ihrer Leidenschaft für Bilder?« Fragend sah sie zu Magdalena Freibricht, die abwehrend ihre Hände hob. »Sehen Sie mich nicht so an, Frau Kommissarin. Ich habe mit Hannegrets Tod nichts, aber auch gar nichts zu tun.«

»Hat sie Angehörige?« Jasna sah sich noch einmal nach Markus um, doch der blieb verschwunden. Sie ärgerte das. Warum ließ er sie bei der Befragung allein? Zu zweit hörte man einfach mehr. Da hatten sie einen wichtigen Fall zu lösen und er verschwand, als ob es völlig unwichtig wäre. Das war unglaublich! Jasna wandte ihre Aufmerksamkeit wieder Magdalena zu, die fassungslos den Kopf schüttelte.

»Nein, sie ist allein. Genau wie ich. Keine Ehemänner, keine Liebhaber. Kinderlos. Wir haben nur uns.«

Jasna biss sich auf die Lippen. Waren die beiden ein Paar? Den Streitereien nach könnten sie tatsächlich zusammen sein.

Als ahnte Magdalena ihre Frage, hob sie schon wieder die Hände. »Wir hatten keine Liebesbeziehung. Mitnichten! Wir sind nur Freundinnen und haben die gleiche Wellenlänge, vor allem, was Kunst, Musik und Literatur angeht. Deswegen treffen wir uns regelmäßig zu Kulturreisen. Eine Zweckfreundschaft, die sehr verbindet.«

Jasna notierte auch das, runzelte aber die Stirn. Freundinnen machten sich gegenseitig eigentlich nicht so nieder, wie Magdalena Freibricht es mit Hannegret getan hatte. Es gab wirklich die merkwürdigsten Beziehungen.

Der Täterkreis ließ sich definitiv stark einschränken, denn unter den gegebenen Umständen wusste niemand in Schwerin von ihrer Kunstliebhaberei und ihr Tod war so akribisch arrangiert, dass er kein Zufall sein konnte. War der Streit zwischen den beiden später eskaliert?

»Gab es öfter solche Meinungsverschiedenheiten zwischen Ihnen wie im Café Prag?«, fragte Jasna und fügte entschuldigend hinzu, dass sie auch diese Diskussion mit angehört hatte.

»Es gab keine Differenzen. Ich sah mich lediglich berufen, Frau Wichtelmann hin und wieder ihre Grenzen aufzuzeigen«, sagte Magdalena. »Ihre Bildung hatte kein so hohes Niveau und ich musste sie des Öfteren einnorden. Wissen Sie, wenn ungebildete Menschen sich mit Kultur und Kunst auseinandersetzen, bedarf es doch häufig der Nachhilfe.«

Jasna verkniff sich ein Grinsen. Die Arroganz Magdalenas war unerträglich und grenzte haarscharf ans Komödiantische. Nur leider war der Anlass zu ernst, als dass es hätte amüsant sein können. Sie räusperte sich und bemühte sich um einen möglichst neutralen Tonfall.

»Das mit der Nachhilfe haben Sie allerdings sehr wichtig genommen.«

»Sie hatte wirklich oft keine Ahnung von den Dingen über die sie sprach«, winkte Magdalena ab, war sich der Spitze in Jasnas Satz nicht bewusst.

Die lächelte nun doch süffisant. Magdalenas Verhalten war unbeschreiblich. Es war durchaus vorstellbar, dass sie etwas mit dem Mord zu tun hatte. Wer konnte schon sagen, zu welchen Taten eine Frau fähig war, die sich für eine Kunstexpertin hielt? Jasna suchte erneut nach Markus, der nach wie vor unauffindbar war.

Magdalena war ihrem Blick gefolgt. »Suchen Sie Ihren Kollegen? Der versucht mir auszuweichen. Ich habe ihn heute schon im Museum gesehen«, behauptete sie. »Er hat mit Hannegret ausgiebig über Jan van Huysum gesprochen. Sie war ganz hin und weg von ihm. Man kann, Entschuldigung, konnte, ihr so leicht imponieren, weil die Arme einfach keine Ahnung hatte. – Verzeihung, aber Ihr Kollege ist leider auch keine helle Leuchte, was Kunstverständnis anbelangt.« Magdalena beobachtete Jasna genau. Mit dem untrüglichen Instinkt einer Frau war ihr durchaus bewusst, wie sie die Kommissarin verletzen konnte, und sie musste rasch den Eindruck gewonnen haben, dass Jasna und Markus mehr verband als nur die Arbeit. Und so setzte sie noch einen gezielten Hieb. »Ich glaube, er fand sie überaus attraktiv, auch wenn Hannegret ein gutes Stück älter war.« Magdalena machte eine Pause und fixierte Jasna, um die Wirkung ihrer Worte zu prüfen.

Jasna hatte ihr Pokerface aufgesetzt.

»Na ja, Frau Kommissarin, sie sah immerhin gut aus und für manche Männer reicht das schon.«

Jasna versetzte diese Information tatsächlich genau den Stich, wie er beabsichtigt war. Auch wenn sie nichts von Markus wollte, so hatte er sich die letzten drei Jahre doch immer nur, wirklich ausschließlich für sie interessiert. Außerdem hatte er sie am Abend zum Essen eingeladen, ihr vor ein paar Tagen noch einmal seine Liebe gestanden, weil er sie umstimmen wollte. Und dann bandelte er mit Hannegret Wichtelmann an? Aus Rache, weil sie ihn verschmähte? Aber warum mit dieser rot gefärbten alten Frau, die beim Sprechen mit der Zunge anstieß? Gut, sie war weiblicher als Jasna, die eher sportlich gebaut war, aber dafür auch um etliche Jahre älter als er. Sie atmete tief ein. Magdalenas Aussagen dienten bestimmt nur dazu, sie zu verunsichern, weil sie von sich ablenken musste. Bei diesem billigen Spiel durfte Jasna nicht mitmachen. Hilflos suchte ihr Blick erneut Markus. Er stand ein Stück entfernt am Schlosseingang, aber das Gesicht hatte er abgewandt. Es schien wirklich so, als wiche er Magdalena aus.

»Markus, kommst du mal?«, rief Jasna. Das Problem war schnell aus der Welt zu schaffen. Wenn er mit Hannegret gesprochen und sich mit ihr verabredet hatte – und es war harmlos gewesen –, konnte er das ganz einfach aufklären.

Markus winkte ihr zu: »Sorry, Jasna, ich muss noch mal los. Bis später.«

»Wohin?«, rief sie ihm nach. Sie wandte sich wieder Magdalena zu. »Und er war heute ganz sicher im Museum?«

Sie nickte. »Ganz sicher. Und er wollte Hannegret unbedingt privat treffen. Sie war ein Schaf, aber so dumm war sie dann doch nicht, sich mit einem ihr völlig fremden Mann zu verabreden.«

Jasna bekam die Fäden noch nicht zusammen, aber eines war klar. Markus durfte jetzt nicht einfach so verschwinden. Sie schickte ihm den Kollegen hinterher. »Und er soll auf der Stelle hier antraben«, zischte sie.

Der Beamte kam rasch unverrichteter Dinge zurück. »Er ist weg. Und das Handy ist auch ausgeschaltet.«

In Jasna gingen die Alarmglocken an. Da stimmte etwas nicht. Verdammt, das durfte nicht sein. Was hatte Markus mit dem Mord zu tun? »Sind wir so weit, dass die Tote abgeholt werden kann?«, fragte sie, weil der Bestatter vorgefahren war.

Als grünes Licht gegeben wurde, sagte Jasna zu Magdalena. »Sie halten sich zur Verfügung.« Sie notierte sich das Hotel und die Zimmernummer, zusätzlich die Adresse ihres Wohnsitzes. Dann rannte sie zum Auto. Sie würde Markus finden. Er hatte ihr einiges zu erklären.

Jasna ahnte, wo sie ihn finden würde. Markus hatte seine Lieblingsplätze, und an einem von ihnen hielt er sich jetzt sicher auf. Sie vermutete ihn am Werderkanal, dort besaß er ein kleines Bootshaus, in das er sie immer eingeladen hatte. Doch da Jasna ihm keine unnötigen Hoffnungen machen und keine Konfliktsituation heraufbeschwören wollte, hatte sie stets abgelehnt. Aber sie kannte die Adresse. Was zum Teufel hatte Markus nur mit Hannegret Wichtelmann zu tun?

Sie erreichte das Haus in kurzer Zeit und tatsächlich brannte dort Licht. Ihr Kollege hatte nicht einmal abgeschlossen. »Ich wusste, dass du kommst. Du bist eben eine verdammt gute Polizistin. Als diese Frau zum Tatort kam, war mir klar, dass ich verloren hatte«, sagte er, hatte ihr aber den Rücken zugedreht.

»Mach keine Dummheiten, Markus. Sag mir lieber, was los ist!«

»Ich möchte, dass du bleibst.«

»Ich verstehe nicht recht …«

Jetzt drehte sich Markus langsam zu ihr. Sein Gesicht war tränenüberströmt. »Du wolltest doch immer einen Fall haben. Hier vor Ort.«

»Du hast mir eine Leiche verschafft?«

Markus nickte. »Zuerst wollte ich dich mit einer anderen Frau eifersüchtig machen. Ich war zufällig im Museum, du weißt ja, wie sehr ich die niederländischen Künstler schätze, und da sah ich die beiden. Sie gifteten sich ständig an. In dem Augenblick kam mir eine andere Idee.«

»Du hast versucht, Hannegret Wichtelmann zu beeindrucken und dich mit ihr zu verabreden. Die Tatverdächtige stand dir mit Magdalena Freibricht ja quasi gegenüber. Jeder würde sich immer und überall an die streitenden Frauen erinnern und vor allem daran, wie Magdalena mit Hannegret umgesprungen ist.«

»Ja«, gab Markus zu. »Aber dann habe ich Skrupel bekommen und bin abgehauen, zumal sie ohnehin nicht so sehr von mir begeistert war.«

Jasna sah ihren Kollegen an und konnte kaum glauben, was er da sagte. »Trotzdem hast du dein Vorhaben umgesetzt.«

»Sie ist mir zufällig noch einmal begegnet. Am Schloss, als ich nach Hause wollte.«

»Und bist mit ihr in den Burggarten gegangen«, ergänzte Jasna. »Was ist dort geschehen?«

Markus hatte sich wieder weggedreht und es schien, als spräche er mit der Wand. »Sie ist sofort mitgekommen, alles lief perfekt für meinen Plan.« Er machte eine Pause und schüttelte sich. »Du solltest bleiben. Wenn sie umkam, hättest du das, was dich an der Polizeiarbeit fasziniert. Du könntest dich beweisen und Rostock wäre in weite Ferne gerückt. Ich plante, alle Spuren auf mich zu verwischen und den Verdacht auf die alte Schnepfe in Schwarz zu lenken.«

»Wie hast du sie umgebracht?« In Jasna war alles wie tot. Eine Frau war gestorben, weil ihr Kollege sie halten wollte. Weil er glaubte, sie sei scharf auf einen Mordfall, den sie lösen und dann glänzen konnte. Das Schlimme war, dass Markus recht hatte. Nur so war das nicht Jasnas Planung gewesen. So nicht. Und doch machte es keinen Unterschied, wer oder warum derjenige hatte sterben müssen. Tot war tot. Für immer ausgelöscht. Ihretwegen. Jasna stützte sich an der Wand ab. Ihr war schlecht. Sie wusste in diesem Augenblick nur, dass sie nicht nach Rostock gehen würde. Sie würde als Polizistin nirgendwo mehr hingehen. Ihr Dienst als Kommissarin war mit diesem Fall vorbei. Nie wieder konnte sie in dem Beruf arbeiten, nachdem eine Frau ihretwegen getötet worden war. »Wo hast du sie umgebracht?«

»Unten an der Grotte. Ich habe sie gestoßen und sie ist mit dem Kopf gegen die Felswand geknallt. Sie war sofort tot.«

Jasnas Herz schlug bis zum Hals. »Und dann hast du Hannegret in den Rahmen gelegt.«

»Ja, ich wollte, dass man sie nicht im Dreck findet.« Jetzt drehte er sich um, er hielt seine Waffe in der Hand und führte sie langsam zur Schläfe.

Jasna machte einen Schritt auf Markus zu. »Komm, gib mir die Pistole. Du musst für das geradestehen, was du getan hast. Sei ein Mann!« Jasna näherte sich einen Schritt. »Markus, bitte!«

»Was wirst du nun tun?«

»Aufhören«, sagte Jasna. »Meinst du wirklich, ich kann jetzt noch in diesem Job arbeiten?«

Markus entsicherte die Waffe. »Dann werden wir eben beide sterben und von jetzt an zusammen sein. Nur eben nicht in dieser Welt.« Er zielte auf Jasna. Dem ersten Knall folgte ein zweiter und während Jasna in sich zusammensackte, spürte sie, wie Markus noch im Sterben nach ihrer Hand griff.

FREIZEITTIPPS

36 **Café Prag**
Viele ansprechende Cafés laden in Schwerin ein, innezuhalten und einzukehren. Eines davon ist das Café Prag mit Blick auf die Fassade des Schlosses und der Staatskanzlei. Es liegt in direkter Verlängerung des Schlosszugangs in der Schloßstraße, Ecke Puschkinstraße in einem historischen Prachtbau. Es wurde bereits 1755 eröffnet und diente als Hofkonditorei. Noch heute ist das typische Wiener Kaffeehausflair nicht zu leugnen. Neben einem Torten- und Kuchenbüfett bietet das Café Prag auch eine reichhaltige Tageskarte mit durchgehend warmer Küche an.

37 **Dom**
Der Dom liegt in der Nähe des Marktplatzes. Beim Dom handelt es sich um eines der frühgeschichtlichen Bauwerke der Backsteingotik. Der Grundstein wurde 1126 von Heinrich dem Löwen selbst gelegt. Der Bau des Doms vollzog sich über viele Jahrhunderte, in der heutigen Form steht er seit Ende des 14. Jahrhunderts. Er besteht aus dem Querhaus, Chorhaus und Kapellengang. Mit einer Länge von 105 Metern, einer Höhe des Innenraums von 29 Metern und einer Turmhöhe von 117,5 Metern zählt der Dom zu den größten Kirchenbauten Norddeutschlands. Die Orgel wurde von Friedrich Ladegast gebaut. Im Inneren sind unter anderem die Grabplatten verschiedener Bischöfe zu sehen und ein wunderbares Taufbecken

aus dem 14. Jahrhundert. Faszinierend ist die weiße Schlichtheit des Gotteshauses, das allein dadurch so imposant wirkt.

38 Schwerin-Entdeckungstouren

Die gesamte Schweriner Geschichte können Sie in verschiedenen Stadtrundgängen erleben. Sei es auf Petermännchens Spuren (dem Schlossgeist der Stadt), Tel.: 0385/65800, oder bei einer Fahrt mit dem Doppeldecker, Tel.: 0385/5577737, oder dem Panoramabus (Touristinformation). Ein besonderes Erlebnis ist eine Stadtrundfahrt mit der Fahrradriksha, Tel.: 0385/5007873, oder gar ein Rundflug, Tel.: 0385/5925271. Klassisch und spannend geht es bei den Nachtwächter- und historischen Stadtführungen zu. Bis auf den Rundflug starten alle Aktivitäten am Marktplatz und sind in der Touristinformation im Rathaus zu buchen.

39 4-Seen-Fahrt

Eine Fahrt mit dem Schiff gehört während des Schwerin-Besuchs nahezu zum Pflichtprogramm. Es werden verschiedene Touren angeboten, attraktiv ist auf jeden Fall die 4-Seen-Fahrt. Sie beginnt am Café Wallenstein und geht zunächst über den Schweriner See, der als drittgrößter See Deutschlands gilt. Die Fahrt führt an der Seefischerei vorbei und das Schiff gelangt unter Brücken über einen kleinen Seeweg, der von malerischen Bootshäusern gesäumt ist, zum Heidensee, der sich allein der geringen Tiefe wegen vom Schweriner See unterscheidet. Weiter geht es durch den Werderkanal, mit der tiefsten Brücke, wo selbst das Aufstehen auf dem Oberdeck nicht gestattet ist. Der Ziegelsee ist durch einen Damm geteilt, der Außensee ist größer und 20 Meter tief. Auch hier säumen wieder Bootshäuser unterschiedlichster Bauart die Ufer. Auf der Rücktour kann man alles noch einmal in Ruhe genießen.

40 Schloss Schwerin

Das Schloss Schwerin liegt auf einer Insel im Schweriner See, ist aber mit einer Brücke zum Festland verbunden. Im Schloss befindet sich ein Museum, einen Teil nutzt aber auch der Schweriner Landtag.
Das Museum ist barrierefrei zugänglich und wurde über den Zeitraum von 1845-1857 als Residenz der Großherzöge von Mecklenburg-Schwerin erbaut. In früheren Zeiten stand an derselben Stelle eine slawische Burg. Im Schloss kann sowohl der Thronsaal als auch die Ahnengalerie betrachtet werden, dazu Gemälde- und Porzellansammlungen mit Meißner Porzellan. Natürlich fehlen auch die Waffensammlungen nicht. Hinzu kommen Sonderausstellungen.
Das Museum ist geöffnet:
15.4.-14.10., Dienstag bis Sonntag von 10-18 Uhr
15.10.-14.4., Dienstag bis Sonntag von 10-17 Uhr
Mehr unter: www.museum-schwerin.de

41 Staatliches Museum

Das Staatliche Museum Schwerin »Galerie Alte & Neue Meister Schwerin« liegt in unmittelbarer Nachbarschaft zum Schloss. Neben Sammlungen von Kunstwerken weltberühmter, niederländischer Maler aus dem 17. und 18. Jahrhundert zeigt

das Museum auch die deutschlandweit größte Sammlung von Werken Marcel Duchamps. Zu allen Ausstellungen werden Führungen angeboten.
Das Museum ist geöffnet:
15.4.–14.10., Dienstag bis Sonntag von 10–18 Uhr
15.10.–14.4., Dienstag bis Sonntag von 10–17 Uhr
Mehr unter : www.museum-schwerin.de

42 Marstall

Während der Marstall früher der Unterbringung der herzoglichen Pferde und der Bediensteten des Marstalles diente, beherbergt er heute das Bildungsministerium und das Technische Landesmuseum. Der Marstall liegt direkt am Schweriner See auf der Marstallhalbinsel. Der Gebäudekomplex ist im Stil des Klassizismus erbaut und besteht aus drei Bauwerken, die so angeordnet sind, dass sie einen Innenhof bilden. Interessant anzusehen ist die Herde der blauen Pferde vor dem Marstall. Eine bunte Erinnerung an das, was sich einst in dem historischen Gebäude befunden hat.

43 Marktplatz

Der Marktplatz Schwerins besticht durch seine Giebelhäuser und das Rathaus. Er ist rechteckig gebaut und entstand in seiner heutigen Form nach dem Stadtbrand 1651. Interessant sind, neben dem Rathaus, auch das »Krambudengebäude« mit den Säulen, das heute u. a. ein Café beherbergt, und der historische Tunnel, durch den man den Marktplatz verlassen kann. Rings umher gibt es ein mannigfaltiges Angebot unterschiedlichster Gastronomie.

44 Rathaus

Das Rathaus liegt direkt am Marktplatz und ist dort, neben dem »Krambudengebäude«, das bestechende Bauwerk. Das Rathaus bekam seine heutige Form im Tudorstil nach drei Stadtbränden im Jahr 1853. Über dem Eingang ist eine vergoldete Figur positioniert, die den Stadtgründer Heinrich den Löwen darstellt. Im Rathaus befindet sich auch die Touristinformation.

45 2. Enge Straße

Schon beim Einbiegen in die Gasse fühlt sich der Besucher zurückversetzt in eine längst vergangene Zeit. Die Nachbarhäuser stehen eng gedrängt, Fachwerkbauten herrschen vor. Hier findet man die kleinste Kneipe – den Gassenkrug – und das Restaurant Zur guten Quelle. Wer Schwerin von der altertümlichen Seite erleben will, ist gut beraten, hier einzukehren.

46 Pfaffenteich

Der Pfaffenteich liegt im Schweriner Stadtteil Schelfstadt und grenzt mit einem Wehr an den inneren Ziegelsee. Er ist mit einer Fähre zu überqueren und dient heute unter anderem als Austragungsort von Drachenbootrennen. Inmitten des Teiches steht ein riesiger Springbrunnen, dazu treibt eine reetgedeckte Schwaneninsel über das Wasser. Das südliche Ende lädt zum Kaffeetrinken und Verweilen ein, hier befinden sich auch die Skulpturen der Schirmkinder.

47 Burggarten

Der Burggarten liegt direkt auf der Schlossinsel. Er teilt sich in verschiedene Abschnitte und wurde den römischen Terrassengärten nachgebaut. Umrundet man das Schloss auf der linken Seite, beeindrucken alte Bäume, wie eine imposante Hängebuche, und ein mitten im Park aufgestellter Bilderrahmen, in dem man sich mit dem Schweriner See im Hintergrund fotografieren lassen kann.

Rosenpavillons wechseln sich mit anmutigen Baumbeständen, wie zum Beispiel einer Sumpfzypresse, gepflanzt im Jahr 1860, ab. Hält man sich weiter links und abwärts, gelangt der Besucher zur Fledermausgrotte aus dem Jahr 1852. Hier und in den anschließenden Gängen finden etliche Fledermausarten Unterschlupf. Den Mittelpunkt des Burggartens bildet die Orangerie aus dem Jahr 1850 mit einer ansprechenden Architektur und wunderbar vielseitiger Bepflanzung. Die Orangerie diente zur Überwinterung der Pflanzen aus der Burganlage. Vom oberen Teil bietet sich ein fantastischer Blick über den Schweriner See und auf die abwechslungsreiche Vegetation. Wer mag, kann hier in einem Café einen Kaffee genießen.

48 Schlossgarten

Der barocke Schlossgarten ist ebenfalls einen Besuch wert. Hinter dem Schweriner Schloss führt eine Brücke dorthin. Von hier läuft man direkt auf ein großes Reiterstandbild zu, das Friedrich Franz II. zeigt, der 1883 an einer Lungenentzündung verstarb. Zu seinen Füßen befinden sich vier Sockelmotive als Abbild der

Herrschaftstugenden: Weisheit, Gerechtigkeit, Stärke und Glaube. Laubengänge, Arkaden und Kreuzkanal machen die Gartenanlage zu einem einzigartigen Erlebnis.

5. KÜHLUNGSBORN

Kühlungsborn ist ein wunderbarer Ferienort zwischen Wismar und Rostock. Einen Besuch sollte man sich keinesfalls entgehen lassen. Kühlungsborn ist das größte Ostseebad in Mecklenburg-Vorpommern und durch den Stadtwald zweigeteilt. Im Westen befindet sich das alte Seebad mit einer faszinierenden Seebadarchitektur. Außergewöhnliche Jugendstilvillen prägen das gesamte Ortsbild. Hochwertige Hotels und Restaurants finden sich an der Strandpromenade und in ganz Kühlungsborn genauso wie kleine Cafés und Fischstuben, neben ansprechenden Läden. Am westlichen Rand liegt direkt am Strand außerdem ein Campingplatz. Die Flaniermeile zieht sich über circa vier Kilometer entlang des Ortes.

Im östlichen Teil liegt unter anderem der Segelhafen. Mit dem Kübomare gibt es hier auch wieder eine Schwimmhalle, die mit einer großen Saunaanlage gekoppelt ist.

Kühlungsborn wurde um 1200 zum ersten Mal erwähnt, Ostseebad wurde es 1938. Nach dem Nationalsozialismus beherbergte man im Ort viele Flüchtlinge, die in Pensionen und Hotels unterkamen. Die Seebrücke wurde 1991 erbaut und den Titel »Seebad« trägt Kühlungsborn seit 1996.

Die Umgebung von Kühlungsborn eignet sich bestens zum Radfahren, Wandern und Spazierengehen. Besonders empfehlenswert ist der westliche Zipfel mit dem Naturschutzgebiet Riedensee. Oder die Tour nach Osten in Richtung Heiligendamm, immer am Wasser entlang.

Was wäre ein Ostseebad ohne seinen Strand? Kühlungsborn verfügt über einen feinsandigen und überaus kinderfreundlichen Strand. Im Abschnitt 13 ist es möglich, etlichen sportlichen Aktivitäten nachzugehen. Neben vier Beachvolleyballfeldern gibt es Mehrzweckplätze für viele Ballsportarten.

Weiter Infos:
Haus des Gastes »Laetitia«
Ostseeallee 19
18225 Ostseebad Kühlungsborn
Telefon: 038293/8490

Anreise:
Mit dem Pkw: A 20 bis Abfahrt Kröpelin oder Bad Doberan, von da der Beschilderung folgen
Mit der Bahn: bis Hbf. Rostock, von dort mit der Regionalbahn nach Bad Doberan und dann mit der Museumsbahn Molli nach Kühlungsborn

PAUL WILL MORDEN

Paul, der mit großer Wut und List
nach Kühlungsborn gekommen ist,
weil er nach Evies Leben trachtet,
hat sie ihn doch angeschmachtet
und verschmäht
– was gar nicht geht,
trottet übern Ostseestrand **49**
mit einer Bratwurst in der Hand.
Dort lungert pöbelnd unser Paul
und kriegt schon bald etwas aufs Maul.
Hat er doch den dicken Walle,
direkt vor der Künstlerhalle **50**
dumm angemacht
– und gelacht.
Pauls Auge ist jetzt dunkelblau,
doch er trägt es stolz zur Schau.
Nur hat er mit Walle einen Feind,
der hat den Schlag sehr ernst gemeint.
Aber Paul hat andre Sorgen
verschiebt diesen Stress auf morgen.
Wo kann nur die Evie stecken?
Er muss sie finden, ums Verrecken.
Sie soll sterben und das bald
er hat sich kaum in der Gewalt.
Läuft sie auf der Promenade **51**?
– Nein, dort ist sie nicht, wie schade.
Er sucht vom Campingpark **52** zum Riedensee **53**,
ihm tun schon bald die Füße weh.

Evie hat er nicht gefunden,
doch dafür hat er noch mehr Wunden.
Walles Hund hat ihn erwischt,
als er vor dem Grenzturm 54 sitzt.
Er muss jetzt erst in Richtung Hafen 55
und dort eine Stunde schlafen.
Im Hotel mit Kübomare 56
färbt er sich die letzten Haare.
Als Tarnung, denn es ist wohl besser,
er liefert sich nicht selbst ans Messer.
Walle will ihm an den Kragen,
da muss er die Veränd'rung wagen.
Noch ein Treffen mit dem Hund,
erscheint ihm ziemlich ungesund.
Evies Tod, das ist sein Ziel,
das ist doch wirklich nicht zu viel!
Sie hat ihm 'nen Korb gegeben,
dafür soll sie nicht mehr leben.
Der gefärbte Paul plant seine Rache,
dass keiner sich ins Fäustchen lache.
Er spaziert zum Riesenrad 57,
da fährt ihn fast ein Fahrrad platt.
Und obendrauf im Sattel
sitzt Walle, dieser Paddel.
Gerade noch entkommen,
denkt Paul, ganz schön benommen.
Er will Evie endlich finden,
soll sich unter seinen Händen winden.
In der Johannis-Kirche 58 sitzt sie
vor dem Jesus auf dem Knie.
Er nähert sich von hinten an,
nur noch kurz, dann ist sie dran.

Doch ein Mord in einem Gotteshaus?
Denkt sich Paul, oh nein, bloß raus.
Skrupel haben Paul gepackt,
so doll, dass er zusammensackt.
Auf des Friedhofs nächstem Grab
bricht er über sich den Stab.
Zu was für einem Hurensohn
ist er geworden, welch ein Hohn!
Evie darf doch leben.
Eben!
Paul schleppt sich zurück zum Ort,
er möchte einfach nur noch fort.
Evie lebt, was für ein Glück,
er will sie gar nicht mehr zurück.
Schnell nach Haus zur Frau Mama,
da ist doch alles wunderbar.
In Kühlungsborn wartet nur Walle
und der hat sie nicht mehr alle.
Noch auf dem Weg entlang am Strand
kommt der tatsächlich angerannt.
Im Schlepptau wieder diesen Hund,
der sabbert lechzend aus dem Mund.
»Hab'n wir dich, du alte Sau!
Du willst töten eine Frau!«
»Ist vorbei, das will ich nicht!«
»Halt den Mund, du kleiner Wicht!«
Walle ballt die Hand zu Faust
und die kommt ganz schnell angesaust.
Paul schreit auf in höchstem Ton,
da klingelt jäh ein *mobile phone*.
Walle hört das Piepen auch,
und streift deshalb nur Paules Bauch.

Ein Kind, das auf der Schnitzeljagd 59
den allernächsten Punkt ansagt.
Das geht alles digital,
nicht wie anno dazumal.
Das Molli-Museum 60 ist der nächste Ort,
das Kind ist fertig und rennt fort.
Paul und Walle sehn' sich an:
»Auf Wiedersehen eben dann.
Und lass die Frau am Leben,
willst du nicht am Boden kleben.«
Walle winkt und Paul, der nickt.
»Wir waren wohl bloß ungeschickt.«
Paul fährt zurück zur Frau Mama
in seine leere Kammer da.
Evie lebt, er ist nun frei,
nur ist ihm das nicht einerlei.
Sie ist ungeschor'n entkommen,
hat einfach über ihn gewonnen.
Sie lacht noch immer von der Wand,
zerreißen soll das letzte Band.
Weg soll sie, die Evie-Maus.
Paul sticht ihr die Augen aus.
Ein Foto ohne Augen
ist blöd und kann nichts taugen.
Ab in den Müll und Deckel zu.
Nun hat der Paule seine Ruh.
Doch die Moral von der Geschicht?
Wirklich morden klappt oft nicht.

FREIZEITTIPPS

49 **Lagerfeuer im Sommer am Ostseestrand**
Von Mai bis Oktober gibt es in Kühlungsborn ein besonderes Highlight: das wöchentliche Lagerfeuer am Strand. Am Strandübergang 28 im westlichen Teil des Ortes. Es gibt dazu Bratwurst und Musik. Romantischer geht es nicht. Die genauen Termine sind dem Veranstaltungskalender zu entnehmen.

50 **Kunsthalle**
Die Kunsthalle fällt mit ihrem eigenwilligen Baustil sofort auf. Früher war in dem Jugendstiltempel eine Lesehalle untergebracht, nun wird das Bauwerk als Kunsthalle für Ausstellungen und vielfältige Konzerte genutzt. Fast legendär ist das jährliche Jazzmeeting. Dazu reisen verschiedene Jazz-Combos und Gitarristen an, die die Besucher vier Tage lang begeistern. Aber auch die Gitarren- oder Pianotage sowie die Kabarettisten- und Kammermusiktage sind einen Besuch wert. Die Kunstausstellungen wechseln. Näheres kann der Homepage entnommen werden.
Anschrift:
Kunsthalle Kühlungsborn
Ostseeallee 48
18225 Kühlungsborn
www.kunsthalle-kuehlungsborn.de

51 **Promenade**
Die Strandpromenade von Kühlungsborn erstreckt sich über vier Kilometer und verläuft direkt am Ost-

seestrand entlang, parallel zum Ort. Da Kühlungsborn in den West- und Ostteil aufgespaltet ist, schafft sie eine fließende Verbindung. An der Strandpromenade befinden sich zahlreiche Cafés, Spielplätze, Parkbänke und Boutiquen, sodass ein Spaziergang nicht langweilig wird.

52 Campingpark Kühlungsborn

Für Camper ein Muss, wenn man die Ostsee liebt. Direkt am Strand gelegen, weist der Campingplatz ansprechend gestaltete Parzellen auf, teilweise unter altem Baumbestand, und verfügt mit Neptuns Reich über erstklassige Sanitäranlagen. Ein Restaurant befindet sich auf dem Platz, genau wie ein Supermarkt. Rund herum gibt es aber noch weitere Möglichkeiten, gut essen zu gehen. Der Ort ist schnell zu Fuß zu erreichen. Nach Westen schließen sich das Naturschutzgebiet Riedensee und ein urwüchsiger Strand an. www.topcamping.de

53 Riedensee

Das etwa 90 Hektar große Naturschutzgebiet Riedensee kann auf ausgewiesenen Wegen zu Fuß oder mit dem Rad erkundet werden. Dort Zeit zu verbringen lohnt sich allemal. Nicht nur für Naturliebhaber, sondern auch, wenn man Ruhe und Erholung sucht. Der Riedensee entstand während der letzten Eiszeit, bei Hochwasser überflutet er die umliegenden Wiesen. Er ist umgeben von Salzwiesen und Schilfdickicht und mündet mit verschiedenen Durchbruchstellen in die Ostsee. Zahlreiche Tier- und Pflanzenarten haben hier ein Zuhause gefunden. Vögel wie z. B. der Graureiher und Sandregenpfeifer, Pflanzen wie die Stranddistel oder die Salzmiere und andere Tiere wie seltene Käferarten. Der Riedensee gehört zu einem der größten Wasservogelbrutgebiete in der Gegend. Besonders reizvoll ist der Naturstrand mit seiner Dünenlandschaft. Der Boden auf dem Zuweg dorthin ist allerdings häufig matschig und sandig, sodass man nicht bis zum Ende mit dem Rad fahren kann.

Einige Hinweise vorab: Bitte halten Sie sich an die Naturschutzregeln, bleiben auf den ausgewiesenen Wegen und betreten die Dünen nicht. Lassen Sie Ihren Müll nicht liegen und die Nester in Ruhe. Hunde bitte anleinen und im Riedensee nicht baden gehen oder angeln. Am Riedensee leben vor allem in den Durchbruchstellen zur Ostsee die seltenen Käfer. Bitte dort nicht graben und spielen.

54 DDR-Grenzturm

Die DDR-Zeiten haben auch in Kühlungsborn ihre Spuren hinterlassen. An der Küste gab es 27 Grenztürme, erhalten sind mit dem in Kühlungsborn noch zwei. Diese Türme dienten der Küstenüberwachung. Von der Schiffskontrolle bis zum Fluchtversuch wurde alles überwacht. Der Turm kann auch von innen bis zur Aussichtsplattform bestiegen werden. Von dort hat man einen fantastischen Blick über die Küste. Dem alten Grenzturm ist eine Ausstellung über Flüchtlinge und ihre einfallsreichen Fluchten angeschlossen. Dabei wird deutlich, wie spektakulär und unter welchen Gefahren viele Menschen geflohen sind. Der Turm an sich dient als Mahnmal.

55 Bootshafen

Der Bootshafen liegt im östlichen Teil von Kühlungsborn. Wer Abwechslung und quirliges Leben, ansprechende Boutiquen mit maritimer Kleidung und Accessoires sucht, ist hier genau richtig. Regatten und Hafenfeste beleben den Bootshafen neben abwechslungsreicher Gastronomie zusätzlich. Bootsliegeplätze werden auch an Tagesgäste vermietet. Hat man kein eigenes Schiff, besteht die Möglichkeit zu einer Charterfahrt, z. B. als Angeltour.

56 Kübomare

Im östlichen Teil des Ortes befindet sich seit dem Jahr 2009 die Schwimmhalle mit Saunalandschaft Kübomare im Strandhotel. Zuvor gab es am Baltic Platz eine Meerwasserschwimmhalle, die aber geschlossen ist. Das Kübomare bietet nun Wellness vom Feinsten und bis zu 150 Gästen Ruhe und Erholung. Auf einer 3.000 Quadratmeter großen Fläche findet der Gast eine Schwimmbecken- und Saunalandschaft mit Ruhe- und Schlafräumen. Sogar beheizte Wasserbetten gehören zur Ausstattung. Das Kübomare ist täglich geöffnet von 10–21 Uhr, die Sauna von 14–21 Uhr. Mehr unter: www.kuebomare-kuehlungsborn.de

57 Riesenrad auf dem Baltic Platz

Der Baltic Platz wird oft für verschiedene Veranstaltungen genutzt. Ein Highlight, nicht nur für Kinder, ist das weiße Riesenrad mit einem einzigartigen Blick über die Ostsee, Kühlungsborn und den Stadtwald. Bei Wind schwanken die Gondeln allerdings ein wenig.

58 St.-Johannis-Kirche

Die evangelische St.-Johannis-Kirche stellt schon optisch mit dem Holzturm und dem Kirchenschiff aus Feldsteinen etwas ganz Besonderes dar. Die Geschichte der Kirche ist rund 780 Jahre alt. Sie wurde von Nonnen gegründet und mehrfach umgebaut. Der Turm in der jetzigen Form stammt aus dem Jahr 1680, er steht aber schon seit dem 15. Jahrhundert, was durch eine Bronzeglocke belegt ist. Der älteste Teil der Kirche ist das Kirchenschiff aus dem 13. Jahrhundert. Das Gesamtbauwerk, samt Chorraum und Gewölbe, wie wir es heute kennen, stammt aus dem 14. Jahrhundert. Der Lübecker Meister Bernhard Lübbers hat sowohl den Taufengel als auch die fünf Figuren im Chorraum geschnitzt. Die Kirche ist jeden Tag von 9–16 Uhr geöffnet.

59 Digitale Stadtführung

Das geht ganz einfach mit einer App, die man sich aufs Smartphone (iOS oder Android sowie mobiles Internet- und GPS-Empfang) herunterladen kann. Die App ist kostenfrei, verspricht aber eine Menge Spaß. Die Stadtführung gleicht einer Schnitzeljagd, man folgt den Rätselpunkten auf einer Übersichtskarte und muss Fragen beantworten. Es gibt verschiedene Rätselformen, am Ende zählen die eingespielten Punkte. Diese Art der Stadtführung ist einmal etwas ganz anderes. Zum Herunterladen der App und der genauen Anweisungen, rufen Sie bitte folgenden Link auf: www.kuehlungsborn.de/events/veranstaltungsplan/regelmaessige-veranstaltungen/digitale-stadtfuehrung.html

60 Molli-Museum

Die Museumsbahn Molli ist eine Attraktion. Und so hat man eigens für sie im Bahnhof West von Kühlungsborn ein Museum eingerichtet. Den Besucher erwarten Exponate aus der Zeit, als die Eisenbahn noch ein wichtiges Verkehrsmittel war. Sogar ein Morsegerät und ein ganzes Stellwerk sowie ein aufgeschnittener Dampfkessel einer Dampflok gehören zu den beeindruckenden Ausstellungsstücken. Die Ausstellung zieht sich über das eigentliche Museum und über eine Freifläche. Dem Museum angeschlossen ist auch ein Café. Der Eintritt ist frei, gern werden aber Spenden in der aufgestellten Bahnhofslaterne angenommen.

Mehr unter:
Molli-Museum
Fritz-Reuter-Straße 1
18225 Kühlungsborn
Telefon: 038293/877121

6. HEILIGENDAMM, BÖRGERENDE, NIENHAGEN

Von den drei Orten ist Heiligendamm sicherlich der bekannteste in der Mecklenburger Bucht, allein wegen des legendären Hotelkomplexes und des G8-Gipfels im Jahr 2007. Damals stand der beschauliche Ort im Mittelpunkt des internationalen Interesses. Heiligendamm ist aber mehr als nur das Grand Hotel. Es gehört zu Bad Doberan und gilt als das älteste Seebad Deutschlands. Es wurde schon 1793 gegründet.

Heiligendamm steht aber auch für einen wunderbaren und weitläufigen Strand und ein interessantes Hinterland. Dazu dient es als Ausgangspunkt für Radtouren, die direkt an der Küste entlang gemacht werden können. Interessant ist der Ort allein schon durch seinen klassizistischen Baustil. Übrigens wurde Friedrich von Hohenzollern in Heiligendamm geboren.

Börgerende weist nicht die Bäderarchitektur von Heiligendamm auf, gibt sich bescheidener. Hier finden sich nur wenige kleine Restaurants und Cafés, aber dafür existiert ein großartiges Angebot an Ferienwohnungen und anderen Unterkünften, die das Ortsbild keineswegs stören, sondern sich wunderbar in das Gesamtbild integrieren. In Börgerende liegt auch ein hochwertiger Campingplatz direkt am weitläufigen Strand, wo jeder ein stilles Plätzchen finden kann. Für Naturliebhaber ein Muss ist das Naturschutzgebiet Conventer See. Hier befindet sich ein großes Vogelbrut- und Rastgebiet.

Fährt man von Börgerende weiter an der See Richtung Osten, durchquert man ein verwunschenes Wäldchen, das

Nienhäger Holz, das auch »Gespensterwald« genannt wird, und gelangt von dort nach Nienhagen. Allein die Strecke mit dem Fahrrad lohnt sich. Der zunächst typische Ostseestrand wird schnell zu einer sehr urwüchsigen Küste, die schließlich in einer Steilküstenlandschaft endet. Ruhe und Beschaulichkeit sind allgegenwärtig.

Das Ostseebad Nienhagen ist schon seit dem Mittelalter bekannt. Mitte des 19. Jahrhunderts begann man mit dem systematischen Ausbau des Seebades, es gab sogar einen Pferdeomnibus zwischen Nienhagen und Bad Doberan, der die Gäste an den unvergleichlich reizvollen Strand brachte.

Interessant ist das künstliche Riff, das vor der Küste des Ortes zu Forschungszwecken errichtet wurde. Die Arbeitsplatte ist von der Strandpromenade aus gut zu erkennen. Der Künstler Lovis Corinth hat sich häufig in Nienhagen aufgehalten und die Region in seinen Bildern festgehalten. Bekannt ist vor allem das Gemälde »Fischerkind aus Nienhagen«, das seine Tochter zeigt.

Mehr Infos:
Touristinformation Heiligendamm/Bad Doberan
Severinstraße 6
18209 Bad Doberan
Telefon: 038203/62154

Touristinformation Börgerende/Rethwisch
Seestraße 14
18211 Börgerende-Rethwisch
Telefon: 038203/74973

Touristinformation Ostseebad Nienhagen
Kurverwaltung
Strandstraße 16
18211 Ostseebad Nienhagen
Telefon: 038203/81163

Anreise Heiligendamm/Börgerende/Nienhagen:
 Mit dem Pkw: über die A 20, Ausfahrt Bad Doberan nehmen und der Beschilderung zur Küste folgen
 Mit der Bahn: Hbf. Rostock, mit der Regionalbahn bis Bad Doberan. Von dort mit der Bäderbahn Molli nach Heiligendamm oder mit öffentlichen Verkehrsmitteln nach Börgerende und Nienhagen

DER SKLAVE

Fieto

Fieto hat Angst, als er auf dem Hauptbahnhof in Hamburg steht. Er ist noch in der Nacht aus Ostfriesland abgehauen. Was passiert ist, hätte nicht geschehen dürfen, niemals. Warum hat er sich überhaupt darauf eingelassen? Weil Maik von Kindesbeinen an sagt, was zu machen ist? Weil Maik ihn sonst, wie schon früher, vor allen bloßgestellt hätte? Fieto der Versager, das Weichei. Der Sklave. Maiks Aktionen gegen Fieto gleichen der Todesstrafe. Dem seelischen Tod. Keiner der Freunde spricht mehr mit ihm, wenn Maik es bestimmt. Sie zerreißen sich aber das Maul, während er danebensteht, damit es ihn richtig tief trifft. Das ist kein Leben, das ist der Tod. Aus diesem Grund macht Fieto mit. Bei allem, was Maik befiehlt. Was soll er sonst tun?

Nur deshalb war er auch jetzt dabei. An seinen Händen klebt seitdem Blut. Die Sache ist schiefgelaufen und die Schuld hat man ihm, Friedrich Tosmann, oder eben Fieto, gegeben. Einer muss schließlich in die Verantwortung genommen werden. Und wer bietet sich am ehesten an? Keiner hinterfragt es, weil es klar ist: Fieto, der Sklave. Maik bestraft ihn so, wie er es für angemessen hält.

Dieses Mal aber sind sie zu weit gegangen. Mord ist eine Nummer zu groß. Mord ist überdimensional. Es wird nicht lange dauern, bis man den alten Janßen entdeckt. Fieto hat Angst davor. Was, wenn jemand was ahnt? Die Buschtrommeln funktionieren immer im Dorf. Jedes Mal hat irgendwer etwas gesehen, gehört, gedacht. Jede Vermutung wird so zur Gewissheit. Er kann dort nicht mehr leben. Da, wo der alte Janßen ihretwegen ins Gras gebissen hat. Und so ist er geflohen. Sachen packen, die Zimmertür zu und los. Fieto ist erst in die Nordwestbahn gestiegen, damit nach Bremen und später mit der Regionalbahn in Richtung Hamburg gefahren.

Doch die große Stadt macht ihm Angst. Er kennt das nicht. Er muss dorthin, wo er sich sicher fühlt. Er irrt durch Hamburgs Innenstadt. Durch Zufall fällt ihm ein Prospekt in die Hände: Nienhagen, die verwunschene Küste. Küste klingt gut, der Ort liegt abgelegen. Nur Urlauber und das Meer vor der Haustür. Das kennt Fieto aus Ostfriesland, in Nienhagen würde er zurechtkommen. Also sucht er eine weitere Zugverbindung raus und fährt gen Osten. Noch etwas macht ihm die Region sympathisch: Vor der Wende hatten sie in Ostfriesland »Ossis« geheißen, jetzt tragen die Menschen dort den Beinamen. Aber Ossi bleibt Ossi, egal, ob aus Mecklenburg oder Ostfriesland. Es vereint, findet Fieto. Sein Herzschlag beruhigt sich mit jedem Meter, den er zwischen sich und Ostfriesland bringt.

Maik

Warum musste der Typ auch abhauen? Verschwindet einfach nach Mecklenburg an die Küste. Geht's noch? Ich an seiner Stelle wäre nach Hamburg, Bremen oder Köln geflüchtet. Und was macht der? Nienhagen. Börgerende. Heiligendamm. Weil er auf der Flucht ist. Vor mir. Vor den Bullen. Vor dem Leben. Gibt eben echt Leute, die müssen abtauchen, dabei macht er sich ja jetzt erst recht verdächtig. Mecklenburg-Vorpommern! Also ab in den Hinterwald, besser gesagt an die Hinterwaldküste. Ich fasse es nicht. Fehlt nur, dass er sich im Grand Hotel [61] versteckt oder einen auf dicke Hose auf der Ostseerennbahn 62 macht. Fieto bringt es fertig und gibt den Flieger auf der Seebrücke 63. Arme ausgestreckt, Oberkörper vornübergebeugt. À la Titanic. Fieto ist so. Hoffnungslos naiv, romantisch und – doof.

Kohle für seinen Trip hat er ja nun genug. Dieser Drecksack. Der Schuldige. Da kann er sich nicht rausreden, auch wenn er jetzt so tut, als habe er gar keine Schuld. Irrtum, werter Freund. Mitgehangen, mitgefangen und wir werden dich drankriegen. Mit aller Macht!

Fieto

Mit der Molli fährt er nach Bad Doberan, von dort schlägt er sich zu Fuß durch. Immer in Richtung Börgerende. Er kommt am Naturschutzgebiet Conventer See 64 vorbei. In Bahrenhorst sind die Wiesen neben der Straße vom starken Regen der letzten Tage überflutet. Es ist kalt und ungemütlich hier. Aber um wie vieles ungemütlicher würde es sein, wenn Maik ihn erwischt? Es ist gut, dass er hierher abgehauen ist. Endlich einmal eine gute Idee.

Maik

Er denkt, die Bullen kommen ihm da in der Einöde nicht auf die Spur. Klar werden sie das tun. Sofern sie nach ihm suchen, was wahrscheinlich ist, wenn er die Biege gemacht hat und sie in den nächsten Tagen auf die Leiche des Alten stoßen. Ich will der Polizei zuvorkommen und Fieto auslöschen, bevor er sich und uns verpfeift. Geortet hab ich ihn ja schon. Der Typ ist so einfältig. Man kann Handys schnell finden, wenn man sie zuvor verkoppelt hat. Natürlich hab ich diese Einstellung bei ihm vorgenommen. Ich muss immer wissen, wo Fieto ist und was er treibt. Er ist mein Eigentum, mein Sklave, nur darf ich ihn nicht als solchen bezeichnen, da verstößt man gegen die Menschenrechte. Scheiß drauf. Was ist denn mit *meinen* Rechten? Ich muss doch auch sehen, wo ich bleibe. Fieto dient mir optimal. Er hat keine Freunde, seine übrigen sozialen Kontakte beschränken sich auf mich und noch mal auf mich und ein letztes Mal: auf mich! Manchmal erlaube ich ihm, mit meinem Kumpel Stevie zu reden. Ein bisschen Freiheit für den Entrechteten. Ich bin schließlich derjenige, der sich überhaupt um Fieto kümmert, so bescheuert, wie der ist. Unter diesen Umständen habe ich wohl das gute Recht, den Kurs zu bestimmen. Und zwar JEDEN!

Gut, das gestern ist reichlich dumm gelaufen. Wir wollten den Alten nicht töten. Aber wo gehobelt wird, fallen Späne. Mal größere, mal kleinere und das war dann eben ein großes Teil. Beim nächsten Mal wird das wieder anders sein. Fieto konnte damit auch gar nicht umgehen. Geflennt hat er, diese Memme. Mann, der Typ war uralt, was macht es da, wenn er etwas früher als geplant krepiert? Vielleicht wäre er morgen vom Bus plattgemacht worden oder ein Blitz hätte ihn gegrillt. Jetzt waren eben wir es, die ihn ins Jenseits befördert haben.

Fieto haben meine Worte nicht erreicht. Lautes Schluchzen, so lange, bis ihm die Rotzfäden aus der Nase liefen. Seine Beine haben so gezittert, dass er kaum laufen konnte. Und wir, Stevie und ich, mussten die Drecksarbeit machen, den Alten im Schlot entsorgen und aufräumen. Kaum waren wir in unserem Dorf angekommen, hat Fieto gesagt, er würde abhauen. Mein Gott, ich hab den Penner doch gar nicht ernst genommen! Und dann war der plötzlich weg! Und das Übelste: Er hat Stevie und mich beklaut.

Hat echt was von der Beute mitgenommen. Geht's noch? Er hat nur Schmiere gestanden, dafür steht ihm vielleicht ein Stück Schokolade zu, wenn's hochkommt sogar eine Marke wie Lindt oder Milka und nicht die vom Discounter. Aber mehr? Ich werde den Sack im Osten suchen und dann gnade ihm Gott ...

Fieto
Fieto kommt müde in Börgerende an. Der Ort ist ruhig und beschaulich, ein wenig zu still. Er scheint überhaupt fast nur aus Ferienhäusern zu bestehen, rechts herum weist ein Weg zum Campingplatz. Fieto hat Angst, zu sehr aufzufallen. Was tun? Er braucht ein Nachtquartier, ein Fortbewegungsmittel. Und er will nach Nienhagen, dort ist um diese Zeit bestimmt viel mehr los und er fällt weniger auf.

»Wie weit ist es?«, fragt er eine alte Frau.

»Am besten geh'n Sie durch den Gespensterwald 65 an der Steilküste 66 entlang.« Sie winkt ab. »Ach was, besser Sie organisieren sich ein Rad, sonst sind Sie mit Ihrem Rucksack ja ewig und drei Tage unterwegs.«

»Wo bekomme ich das?« Fieto möchte das Gespräch kurzhalten, plagt ihn insgeheim die große Furcht, er würde doch irgendwann von der Polizei gesucht und sie könne ihn wiedererkennen.

»Da gehen Sie mal in die Seestraße zum Fahrradverleih OstseeBike 67, guter Mann. Da finden Sie sicher ein Rad für Ihre Bedürfnisse.« Die Frau erklärt ihm den Weg.

Fieto hat schnell gefunden, was er braucht, und bekommt auch gleich Vorschläge, wohin er seine Radtouren unternehmen kann. Eine besonders reizvolle Route verläuft über den Ostseeküstenradweg in Richtung Kühlungsborn 68. »Bis Heiligendamm ist es recht voll, aber dann fahren Sie oberhalb der Küste immer an der Ostsee entlang. An Hagebutten vorbei, durch kleine Wälder! Sie finden alles, was Ihr Urlauberherz begehrt!« Der Mann kommt direkt ins Schwärmen.

»Ich will nach Nienhagen.«

»Ach, die andere Strecke. Ist auch der Ostseeküstenradweg **69**. Sie können bis Warnemünde radeln. Durch den Gespensterwald und …«

»Ich möchte nur bis Nienhagen«, sagt Fieto.

»Da kann ich Ihnen das Riff **70** empfehlen. Das können Sie von der Strandpromenade aus sehen … Radeln Sie einfach am Campingplatz **71** vorbei, dann sind Sie auf dem richtigen Weg.«

Fieto winkt ab. Er will weg. Er muss weg. Wie dumm, dass er erwähnt hat, wohin er fährt. Sollte er sich einen anderen Ort suchen? Er hat eine bessere Idee. Noch haben sie Herrn Janßen nicht gefunden. Noch ist sein Bild nicht in der Presse. Und hier schon gar nicht. Oder doch?

Maik

Verdammt ist das eine lange Fahrt. Dafür wird Fieto extra büßen. Was stiehlt er hier meine Zeit? Wenn die Bullen je herausfinden, wer hinter dem Mord steckt, werden ich und Stevie zusammenstehen. Gegen Fieto, den es dann sowieso nicht mehr geben wird. Der kriegt noch sein Fett weg! Jetzt muss ich den Typ erstmal finden. Fieto ist ein Idiot. Macht sich total verdächtig mit der Aktion und zieht mich und Stevie gleich mit rein. Einfach den Ball flach halten, einfach betroffen sein, wenn die Leiche auftaucht. So schwer ist das gar nicht. Für uns. Für Fieto grenzt das an Verrat, er kann es mit seinem Gewissen nicht vereinbaren und bla, bla, bla.

Da kommt der nächste Zug. Umsteigen nach Rostock. Geht doch. Dieses Mal sind die Götter auf meiner Seite. Nicht mal die Deutsche Bahn hat Verspätung.

Fieto

Fieto hat eine kleine Ferienwohnung in Nienhagen bezogen. Mit Blick auf den Hinterhof einer Appartementanlage. Er will sparsam sein. Außerdem erscheint ihm die Vermieterin nicht neugierig. Sie hat ihr Geld für eine Woche im Voraus bekommen und wird ihn in Ruhe lassen. Länger sollte er hier nicht ausharren, bis dahin muss er eine Lösung gefunden haben. Er heißt jetzt Jan Heuer, kommt aus Gifhorn und hat keinen Vollbart mehr. Das fühlt sich gut an. Mit dem neuen Namen hat er seine alte Identität und alle Schuld abgelegt. Jan Heuer hat nicht gemordet. Das war Fieto. Und der ist verschollen. Langsam wird er ruhiger. Maik und Stevie hat er weit hinter sich gelassen. Ist er nun frei? Fieto hat keine Ahnung. Maik wird ihn nicht gehen lassen. Nur wie soll er ihn hier finden? Er hat nie von Mecklenburg-Vorpommern gesprochen. Musste sogar erst nachsehen, wie man das schreibt. Ob mit Bindestrich oder ohne. Aber Maik ist allmächtig, er bekommt immer, was er will.

Handys kann man orten, denkt Fieto. Er kann allerdings nicht sagen, wie das funktioniert. Maik hat ihm aber mal was von einer Einstellung erzählt. Oder war es eine App am neuen Smartphone? Fieto steht auf und entsorgt es in der nächsten Mülltonne. Sicher ist sicher. Bei Maik weiß man nie. Fieto gibt es ab jetzt nicht mehr. Eine Zeit lang geht es ohne Pass, dann sieht er weiter.

Maik

Bin in Nienhagen. Verdammt, wo steckt der Typ? Sein Handy ist ausgeschaltet. Jetzt hilft nur das letzte Quäntchen Glück. Wenn ich ihn gefunden habe, ist er fällig. Der kann was erleben. Mich verarscht man nicht ungestraft.

Ich laufe die Strandpromenade auf und ab, lasse die Augen über das Meer schweifen, aber von Fieto keine Spur. Er entkommt mir nicht. Jetzt nicht und niemals mehr. Er hat zu gehorchen und keine Alleingänge zu machen. Hat er aber und darauf steht die Todesstrafe.

Wie hätte ich wissen sollen, dass er gleich solche Panik bekommt und sich nicht auf Stevies und meine Coolness verlässt? War doch eine ganz einfache Sache mit dem alten Janßen. Der wohnt allein auf seinem einsamen Gehöft, und ich wusste, dass er dort in der Keksdose in der Küche ein paar Scheinchen deponiert hatte. Was will der Alte denn mit so viel Kohle? Das meinte Stevie auch, also wollten wir den Janßen ein bisschen melken. Fieto sollte hingehen, ihm seine Hilfe anbieten, denn der Janßen war grad dabei, seine Hecke zu schneiden, und der ist echt nicht mehr richtig fit. Währenddessen sind Stevie und ich dann rein, ab zur Keksdose. Die war prall gefüllt, der Alte hat im Dorfkrug nicht übertrieben, als er davon erzählt hat. Das waren nicht nur ein paar Scheinchen, das war ein Vermögen. Der muss tatsächlich seine ganze Rente dort verbuddelt haben. Die Alten sind wegen der Bankenkrisen und so vorsichtiger als unsereins. Warum der Janßen aber plötzlich reinkam, mit dieser Heckenschere in der Hand, weiß ich nicht. Fieto stand mit vor Angst geweiteten Augen hinter ihm. Der Janßen ist dann auf Stevie los. Das konnte ich ja nicht dulden, also hab ich den Steinkrug mit dem Mühlenmotiv gegriffen und ihm das Teil über seinen Schädel gezwiebelt. Der ist sofort zu Boden gegangen und Stevie hat ihm noch eins draufgegeben. Wir haben ihn gepackt und im Schlot entsorgt. Fieto sollte das Blut wegmachen, aber nicht mal das hat er hinbekommen. Nicht mal das!

Stattdessen ist er hierher in die ostdeutsche Einöde geflohen. Ich schnapp ihn mir. Der muss jetzt weg. Fieto ist ein Weichei. Ich sag ja, der würde uns verpfeifen, denn die werden ihn auch hier kriegen. Der ist zu dumm, um unterzutauchen. Jemand wird ihn auf den Fahndungsfotos erkennen, er verquasselt sich oder sonst was.

Jedenfalls wäre es definitiv das Beste, wenn Fieto ganz von der Bildfläche verschwindet. Es klebt schon Blut an meinen Händen und länger als lebenslänglich geht schließlich nicht. Falls die mich eines Tages doch einbuchten wollen. Also werde ich mich opfern und dafür sorgen.

Fieto

Fieto sieht sich jedes Mal ängstlich um, wenn er auf die Straße tritt. Aber niemand beachtet ihn. Er wirkt wie ein Urlauber, fällt nicht auf. Wer soll ihn schon finden? Er hat außerdem nichts gemacht. Und doch – er ist dabei gewesen. Er hat das Blut gesehen, gerochen, es hat an seinen Fingern geklebt, als er versuchte, es vom Boden zu entfernen. Fieto hat nicht gewusst, wie metallisch Blut riecht. Er hat auch nicht gewusst, wie brutal Maik und Stevie sein können. Dachte, sie benehmen sich nur ihm gegenüber so schändlich.

Er wendet sich in Richtung Gespensterwald. Dort will er spazieren gehen, den Kopf klarbekommen und überlegen, wie er weiter vorgehen muss. Er könnte die beiden verpfeifen. Nur hängt er ja mit drin und wenn sie etwas anderes behaupten: Er hätte nichts dagegenzusetzen. Zwei gegen einen. Wem würden die Bullen glauben?

Das Wäldchen ist rasch erreicht. Es sind nicht viele Menschen auf den Wegen, noch ist keine Saison. Ab und zu begegnet ihm ein Hundebesitzer, ansonsten befindet sich Fieto weite Strecken allein. Oder doch nicht? Erschrocken dreht er sich um, als hinter ihm ein Ast knackt.

Maik

Da ist er, der Hurensohn. Hat sich rasiert. Ich erkenne ihn trotzdem. Immer und überall. Wie wunderbar, dass er sich allein durch den Wald schlägt. Viel los ist nicht. Ich muss nur lange genug warten, dann kommt meine große Stunde, die ich nutzen werde. Fieto, deine letzten Minuten laufen ab. Hey, klasse, er klettert zum Strand runter. Das kann man vom Weg aus nicht einmal einsehen. Jetzt kommt mein großer Moment!

Fieto

Fieto will sehen, ob ihm jemand folgt oder ob das Knacken Zufall ist. Er kann sich denken, wer das ist. Nicht die Polizei ist ihm auf den Fersen, sondern Maik. Maik lässt seinen »Sklaven«, wie er ihn nennt, doch nicht einfach so ziehen. Er braucht einen Sündenbock für die eigene Tat. Und Stevie ist dazu nicht geeignet. Stevie kann Maik das Wasser reichen, Fieto nicht. Fieto ist wehrlos. Denkt Maik. Er bückt sich. Hier steht nicht mehr Fieto. Hier steht Jan Heuer. Und der ist stark.

Maik

Da hockt er, der Feigling. Stiert auf die Ostsee, als ob es nichts Besseres zu tun gibt. Dicke Steine liegen dort genug herum. Ein gezielter Schlag auf den Hinterkopf und die Fieto-Sache ist für immer erledigt. Ich setze mich noch heute in den Zug und fahre nach Ostfriesland zurück. Tu so, als wäre ich nie fortgewesen. Und wenn sie den alten Janßen finden: Dann haben wir den Täter, der sofort in den Osten geflüchtet ist. Saubere Sache.

Fieto

Fieto hört Maiks Tritte auf der Metalltreppe, dann auf dem Sand. Er weiß, dass er es ist, sein Atem röchelt in einem bestimmten Takt, wenn er sich aufregt. Jetzt muss Fieto nur ein einziges Mal zum richtigen Zeitpunkt reagieren. Einmal schnell genug sein. Maik bleibt kurz stehen. Er hebt einen Stein an. Das ist Fietos Chance. Er dreht sich blitzschnell um, holt mit der rechten Hand aus und schmettert den Felsbrocken, den er die ganze Zeit fest mit den Händen umklammert, gegen Maiks Kopf. Der sackt augenblicklich zusammen, um ihn herum bildet sich eine dunkelrote Lache. Das kennt Fieto nun schon vom alten Janßen. Er hat gelernt.

Ein weiterer Stein zertrümmert Maiks Gesicht, so schnell würde er nicht zu erkennen sein. Fieto zieht das Portemonnaie aus der Tasche. Etwas Bargeld und Maiks Ausweis sind darin. Er nimmt das Geld, zerhackt das Dokument mit einem spitzen Stein und schleudert die Geldbörse zusammen mit den Überresten in die See, die alles gnädig verschlingt. Maik gibt es nun nicht mehr.

Fieto blickt nach oben. Eine Möwe kreist am Himmel, der Gespensterwald liegt ruhig und friedlich über ihm. Er weiß, dass ihn nun keine Augen mehr beobachten. Stevie würde ihn nicht suchen. Er ist bequem, hat ohne Maik Schiss. Und Stevie ist schuldig.

Fieto wäscht die Hände im klaren Ostseewasser, klettert die Treppe hinauf und verschwindet im Wäldchen. Ein paar Tage will er noch bleiben und mit dem Rad die Küste auf den Radwanderrouten erkunden. Schließlich hat er Urlaub. Dann will er weiterziehen. Er ist kein Sklave. Er ist frei. Frei wie die Möwen im Wind.

FREIZEITTIPPS

61 **Grand Hotel/Kurhaus**
Das Grand Hotel setzt sich aus verschiedenen Häusern zusammen (Grand Hotel, Haus Mecklenburg, Severin Palais, Kurhaus, Kindervilla). Als Fünfsternehotel mit Sterneküche, Spa und anderen Annehmlichkeiten bietet es gehobenen Luxus. Von daher wundert es nicht, dass das Hotel schon oft als Filmkulisse diente. Es liegt direkt am Strand und überragt alle anderen Bauwerke. Interessant ist es aber nicht wegen der Pracht, sondern wegen seiner Geschichte und Architektur. Gebaut wurden die Häuser zwischen 1793 und 1870 als Ensemble aus Kurhaus, Bade- und Logierhäusern. Konzipiert wurden sie von den Architekten Carl Theodor Severin und Gustav Adolph Demmler.
Mehr unter: www.grandhotel-heiligendamm.de

62 **Ostseerennbahn**
In der Nähe von Heiligendamm befindet sich die Ostseerennbahn. Sie gilt als älteste Galopprennbahn auf dem europäischen Festland. Das erste Rennen auf freiem Feld fand schon im Jahr 1804 statt, doch dann wurde die Rennbahn wie die englischen Vorbilder ausgebaut und Tribünen angelegt. Auf der Rennbahn wurden von nun an jährlich Rennen ausgetragen, die allerdings im Ersten Weltkrieg und in der Zeit zwischen dem Zweiten Weltkrieg und der Wende zum Erliegen kamen. Seit 1993 aber ziehen die Renntage wieder viele Men-

schen in ihren Bann. Ein Hauch von Ascot an der Ostseeküste.

Mehr unter: www.doberaner-renntage.de

63 Seebrücke Heiligendamm

Ein mondänes Seebad verfügt an der Ostsee natürlich auch über eine Seebrücke. Die in Heiligendamm führt 200 Meter weit in die Ostsee. Sie eignet sich aber wegen der geringen Wassertiefe nur zum Anlegen von Schiffen mit wenig Tiefgang. Zur Seeseite hin kann man hier romantische Sonnenuntergänge erleben, blickt man zum Land, beeindrucken die klassizistischen weißen Fassaden.

64 Naturschutzgebiet Conventer See

Das Naturschutzgebiet Conventer See liegt in der Conventer Niederung und ist bestens geeignet, um fern vom Tourismus Ruhe in der Natur zu finden. Eine ausgedehnte Radtour ist genauso möglich wie lange Wanderungen oder Spaziergänge. Der Conventer See ist ein großes Vogelrast- und Brutgebiet, entsprechend rücksichtsvoll sollten sich die Besucher verhalten. Dafür werden sie belohnt mit der Beobachtung zahlreicher Vogelarten wie Schwäne, Graureiher, Rohrweihe und Graugänse, um nur einige zu nennen. Sogar Fischotter kommen dort vor. Der See hat keine Verbindung zur Ostsee.

65 Gespensterwald

Der Gespensterwald befindet sich zwischen Börgerende und Nienhagen. Seinen Namen hat er von den eigentümlich gewachsenen, bis zu 180 Jahre alten

Laubbäumen, die in der Tat gespenstisch anmuten. Die Buchen, Hainbuchen, Eschen und Eichen sind dem Ostseewind ständig ausgesetzt, hinzu kommt die feucht-salzige Luft. Diese Umstände haben zu den Verformungen der Bäume geführt. Verschlungene Wege führen durchs Wäldchen, der Europäische Rad- und Wanderweg zieht sich direkt am Küstenstreifen entlang.

66 Steilküste mit Naturstrand

Nienhagen hat zwar auch einen weitläufigen, wunderbaren Sandstrand, ist aber ebenfalls geprägt von einer beeindruckenden zwölf Meter hohen Steilküste, die sich in ihrer ganzen Pracht entlang des Nienhäger Holzes (Gespensterwäldchens) zieht. Von dort ist der Blick über die Ostsee einzigartig und besonders romantisch in den Abend- oder Morgenstunden. Aber auch der Besuch des Sonnenstrandes mit dem Steilküstenpanorama ist lohnenswert. Die Kombination aus Strand, Steilküste und Badeurlaub ist eine Reise wert.

67 Fahrradverleih OstseeBike

Nicht jeder hat die Möglichkeit, sein Fahrrad mit in den Urlaub zu nehmen. Dafür steht den Gästen eine ganze Flotte an Rädern zur Auswahl und das Beste ist: Es gibt einen Hol- und Bringservice. Bequemer geht es nicht. Eine Verleihstelle befindet sich in Börgerende. Alle Räder haben unter anderem mindestens sieben Gänge und sind maximal zwei Jahre alt. Zusätzlich bietet der Verleih Körbe, Hundekörbe, Regenkleidung und vieles mehr an.

Die Verleihstation in Börgerende finden Sie in der Seestraße 30 a.

Mehr unter: www.ostseebike.de

68 Ostseeküstenradweg 1 – Radtour von Heiligendamm nach Kühlungsborn

Ein besonderes Erlebnis ist der Ostseeküstenradwanderweg. Von Heiligendamm aus kann man in zwei Richtungen aufbrechen, die eine führt nach Kühlungsborn. Der Weg geht stets an der Küste entlang, die Ostsee in Sichtweite. Manchmal durchquert man ein Wäldchen, wird aber immer wieder schnell an die Küste zurückgeführt. Unterwegs laden Aussichtspunkte mit Bänken zum Verweilen ein, in der Saison gibt es auch Bier- und Schlemmerbuden, wo die Rast zur Wonne wird.

69 Ostseeküstenradweg 2 – Radtour von Heiligendamm nach Nienhagen

Von Heiligendamm aus besteht die Möglichkeit, sich in Richtung Rostock auf den Weg zu machen. Die Fahrradroute führt bis nach Warnemünde und ist gut zu befahren, wenn kein allzu heftiger Wind weht. Zunächst verläuft sie unterhalb der Dünen auf der von Badegästen stark frequentierten Straße bis Börgerende. Dann ebbt der Touristenstrom ab. Über kleine Wege geht es an den pittoresken Strandabschnitten entlang. Der zuvor lange Sandstrand verjüngt sich, wird steiniger und urwüchsiger. Teilweise liegen große Felsbrocken in der See. Danach passiert man den Gespensterwald. Hinter jedem Baum vermutet man Trolle oder andere Geisterwesen, bis man

Nienhagen erreicht, wo Restaurants und Cafés zur Rast einladen.

70 Riff vor Nienhagen

Das Riff Nienhagen wurde zu Forschungszwecken als künstliches Riff direkt vor der Küste des Ortes errichtet. Der Grund für den Bau liegt am Rückgang des Fischbestandes, den man mithilfe des Kunstriffs zu stabilisieren versucht. Das Riff bietet für die heimischen Fischarten Aufwuchs- und Ruhezonen und tatsächlich hat sich der Fischbestand nicht nur konsolidiert, es leben auch mehr Arten hier als zuvor. Die Arbeitsplatte, die im Jahr 2010 erbaut wurde, ist von der Strandpromenade aus gut zu erkennen. Im Internet sind auch etliche Unterwasseraufnahmen einzusehen.

Mehr über das Riff unter: www.riff-nienhagen.de

71 Ostseeferiencamp Börgerende

Der Platz liegt in unmittelbarer Strandnähe, allerdings ist dieser Abschnitt mit kleinen Steinen durchsetzt. Dafür ist er nicht überlaufen und bietet ausreichenden Raum für alle.

Die Sanitäranlagen sind fantastisch und bieten dem Camper allen Komfort. Dem Platz angegliedert ist ein italienisches Restaurant, das direkt am Strandweg liegt und von Nicht-Campern genutzt werden kann. Das Gleiche gilt auch für den kleinen Laden.

Mehr unter: www.ostseeferiencamp.de

7. BAD DOBERAN

Bad Doberan ist faszinierend. Hier beginnt die Strecke der Bäderbahn Molli, die unter anderem durch die Mollistraße stampft und in dieser Stadt steht auch das Doberaner Münster, das mit seiner imposanten Erscheinung und Geschichte das Stadtbild genauso prägt wie die Architektur von Carl Theodor Severin.

Überall finden sich geschichtsträchtige Plätze, Orte des Rückzugs und ein vielseitiges Kulturprogramm. Möchte man alles in Ruhe genießen, sollte der Besucher mehr als einen Tag einplanen. In Bad Doberan gibt es so ansprechende Häuser wie das Bienenhaus, das Mondhaus, das Sonnen- oder Muschelhaus, auch der Dichter Ehm Welk hat hier gelebt und gewirkt. Er hat der Stadt sein Haus als Kultur- und Begegnungsstätte hinterlassen.

Einen Tag rund um das Kloster und das Münster mit den umliegenden Museen und Werkstätten sind ebenso ein Muss wie ein Besuch im Klostercafé, wo der Gast in uriger Atmosphäre mit selbst hergestellten Torten und einem vielseitigen Angebot von Handwerkskunst bis zu leckeren Likören im Klosterladen verwöhnt wird.

Die Geschichte Bad Doberans spiegelt sich schon im Wappen wider. Dem wiederum liegt eine Legende zugrunde, die jedem Bad Doberaner geläufig ist. Im Wappen sind Hirsch, Schwan und ein Bischofsstab abgebildet. Was hat es damit auf sich? Nikolaus, Herr zu Rostock, war auf der Jagd und wollte dort ein Kloster errichten, wo er den ersten Hirsch erlegte. In dem Augenblick zogen singende Schwäne über ihn und er hörte ein »dobr, dobr« (slawisch.: gut). So war es beschlossene Sache, hier den Grundstein zu legen. Bischofsstab, Schwan und Hirsch fügen sich auf diese Weise zu den Wappensymbolen zusammen.

Im Dreißigjährigen Krieg wurde Bad Doberan zerstört, dann wieder neu aufgebaut. 1793 kam Heiligendamm als erstes Seebad dazu und bis 1826 erschuf der Architekt Carl Theodor Severin die Stadt mit seinen Bauten (auch die in Heiligendamm) so, wie wir sie heute kennen.

Bad Doberan hat seit 1879 das Stadtrecht. Die Schmalspurbahn Molli fährt seit 1886 und zum Bad wurde die Stadt 1921 erklärt. Zu weltweitem Bekanntheitsgrad kamen Bad Doberan und Heiligendamm im Jahr 2007, als der legendäre G8-Gipfel in Heiligendamm stattfand.

Heute erlebt man eine ruhige, gemütliche Stadt, die ihre Geschichte mondän, aber sympathisch zur Schau trägt.

Weitere Infos:
Touristinformation
Severinstraße 6
18209 Bad Doberan
Telefon: 038203/62154

Anreise:
Mit dem Pkw: über die A 20, Ausfahrt Bad Doberan, der Beschilderung folgen
Mit der Bahn: bis Hbf. Rostock, von dort mit der Regionalbahn nach Bad Doberan

ES IST VOLLBRACHT

Der Polizei werde ich sagen, dass sie bereits tot war. Ach was, der Polizei. Wie sollen die Bullen auf mich kommen? Niemand weiß, dass ich sie kannte. Sie wusste es ja nicht einmal selbst. Ihr erstaunter Blick sagte alles. Sie hat keinen Rückschluss auf mich gezogen, kein Funken der Erinnerung ist über ihr Gesicht gehuscht. Und nun liegt sie da, im Teich der Klosteranlagen **72**. Der Mond scheint, sein Licht bricht sich in der Wasseroberfläche und lässt das Bild friedlich aussehen. Wüsste ich nicht, dass sie sich dort befindet ... Das Münster **73** aber ragt wie ein Mahnmal hinter dem Teich auf. Irgendwann werde ich für diese Tat büßen müssen.

Nur hat sie es verdient, wie niemand sonst auf der Welt. Ich hatte keine Wahl, als sie zu eliminieren, das wird jeder verstehen.

Warum ist sie zurückgekehrt? Hierhin, wo sie zerstört hat, was mir wichtig war? Sie ist schuld. An allem, was passiert ist. Ohne sie wäre mein Leben noch in der Spur. Ohne sie wäre ich ein glücklicher Mann.

Es ist jetzt 13 Jahre her ...

Das Wetter war ähnlich gewesen wie heute. Sonnenschein, strahlend blauer Himmel, nur ein paar weiße Kondensstreifen, die wie kleine Gemälde auf dem Blau klebten.

Mein Sohn Severin, den ich nach Carl Theodor Severin, dem berühmten Architekten Bad Doberans, benannt hatte, und ich lebten, wenn er nicht gerade studierte, als Männer-WG in der Goethestraße **74**, in der Nähe der alten Stasihäuser 75 . Frauen brauchten wir nicht für unser Glück. Wir hatten ja uns. Vater und Sohn. Eine Einheit, ein Zusammenschluss, der durch nichts zu sprengen war. Severins Mutter hatte unser Leben nur kurz gestreift, so wie ein heftiger Windzug, der eine Tür öffnet, sie dann aber mit lautem Knall wieder zufallen lässt. Sie hatte mir Severin dagelassen; eine Fehlinvestition, für die sie einen zuverlässigen Abnehmer brauchte. Mein Sohn und ich. Ein Wir! Bis zu dem Tag glaubte ich, dass keine Briefmarke zwischen uns passte. Ich hatte einfach vergessen, dass man seine Kinder ziehen lassen muss. Dass sie ein eigenes Leben haben. Nur hätte diese Erkenntnis auch nichts geholfen. Gar nichts. Das Schicksal hatte mir einen Gegenspieler beschert, eine unbekannte Größe, von der ich zunächst nicht einmal ahnte, dass es sie gab. Und als ich es erkannte, war es zu spät, und das Unheil hatte lange seinen Lauf genommen.

Es war Muttertag gewesen, und da es bei uns keine Mutter gab, zelebrierten wir diesen Tag eben für uns. Ich hatte im Logierhaus 76 einen Tisch reserviert und so speisten wir mehr als feudal, eben dem Anlass entsprechend. Danach sonnten wir uns vor dem Weißen Pavillon 77 , schauten den Hundebesitzern zu, die mit ihren Tieren auf dem Kamp spielten. Familien flanierten mit ihren Kindern, zwei Jungs radelten, einen Fußball auf den Gepäckträger geklemmt, über den Weg.

»Was für ein schöner Tag, was mein Sohn?« Ich glaubte wirklich, diese Idylle würde ewig so bleiben. Ich Narr. Ich gottverdammter Narr!

»Ja, Vater«, sagte Severin, ungewohnt einsilbig. Er studierte in Hamburg Architektur, würde es sicher mal genauso weit bringen, wie sein Namensvetter, der im Haus

Gottesfrieden [78] gelebt und Bad Doberan zu dem gemacht hatte, was es jetzt ist.

Ich war so stolz auf Severin. Er sah toll aus. Hochgewachsen, dunkles Haar, seitlich gescheitelt und eine überaus sportliche Figur. Er war mein Abbild, spiegelte mich wider, wie ich in jungen Jahren gewesen war. Wir brauchten niemanden sonst. Keine Mutter, keine Frau, kein gar nichts. Solange wir uns hatten. Jetzt aber knibbelte er an der Ecke des kleinen Nagels, kaute auf der Unterlippe herum. Seine Augen wanderten unruhig hin und her.

»Hast du was auf dem Herzen?« Ich kannte ihn viel zu gut, als dass er mir etwas vormachen konnte.

»Ja«, stieß er aus, offenbar froh, seine Nachricht loswerden zu können. »Ich habe mir ein Motorrad gekauft.« Es klang locker dahingesagt und doch spürte ich seine Furcht. Severin wusste, was ich davon halten würde. An uns donnerten ein paar Maschinen vorbei, die am Motorradgottesdienst, der alljährlich am Muttertagssonntag am Münster stattfand, teilnahmen. »Ich mag diese Freiheit, die man auf so einer Maschine genießen kann«, fügte Severin fast trotzig hinzu.

»Du hast was gekauft?« Ich glaubte mich verhört zu haben, und etwas sagte mir, dass dies noch lange nicht alles war, was mir mein Sohn zu sagen hatte.

Severin druckste tatsächlich weiter herum. »Weißt du, Papa ... ich ...«

»Was soll ich noch wissen?«

»Es hat noch eine Veränderung in meinem Leben gegeben. Ich habe jetzt eine Freundin. Sie heißt Melanie und ist ebenfalls Bikerin. Ich liebe sie, ich liebe die Freiheit des Motorradfahrens. Und das schon so lange.«

Wenn ich eines hasste, waren es Motorräder. Höllenmaschinen, Krachmacher. Daraus hatte ich nie einen Hehl gemacht. Seine Mitteilung traf mich deshalb tief, beinahe persönlich. Dazu die Existenz einer Frau, die sich zwischen uns drängte. Das konnte nicht gut gehen, das war nicht die Zukunft, die ich mir für Severin vorgestellt hatte.

Ich will die Frau nicht kennenlernen. Ich will dieses Motorrad nicht sehen. Ich will, dass das alles nicht wahr ist.

»Wie lange kennst du sie schon?«

Seine Antwort war wie ein Schlag, als er ganz ruhig sagte: »Fast ein Jahr.«

Mein Sohn vögelte also beinahe ein Jahr lang eine Frau und er gestand es mir erst jetzt. Genau wie die Tatsache, dass er sich meinen Ansichten vollkommen entgegenstellte und ein Motorrad gekauft hatte. War das der Dank für die liebevolle Fürsorge, die ich ihm stets hatte angedeihen lassen?

Nun wirst du pervers in deiner Ausdrucksweise, mein Guter. Aber du hast recht. Das darf er nicht einfach tun. Er ist dein Sohn und du hast alles, wirklich alles, für ihn getan.

»Ich liebe sie. Melanie ist die Frau meines Lebens. Ich werde sie heiraten.« Severin merkte gar nicht, wie tief mich seine Worte verletzten.

Du wirst sie nicht heiraten, mein Sohn. Frauen sind Dreck. Frauen manipulieren einen und wenn es drauf ankommt, sind sie weg.

»Heiraten«, wiederholte ich stumpf.

Severin legte seine Hand tröstend auf mein Knie. Ich glaube, er verstand sehr gut, was in mir vorging. »Nicht alle Frauen sind so wie ...«, er zögerte, »Mama. Zwischen uns ändert sich doch nichts, Papa!«

Außer, dass du von jetzt an mit deinen Gedanken nur noch bei dieser Frau sein wirst. Ich bin von jetzt ab zweite Wahl. Abgeschrieben. Ich hasse Melanie schon jetzt.

»Schau mal, ich bin bereits so lange mit Melanie zusammen und du hast es nicht einmal bemerkt. Sie steht nicht zwischen uns. Alles ist gut.« Severin redete sich um Kopf und Kragen.

Es gab aber nichts schönzureden. Mein Sohn würde sich von dieser Sekunde an Stück für Stück von mir entfernen, gerade weil er nun nichts mehr geheim halten musste und sich nicht zu verstellen brauchte.

»Du riskierst dein Leben. Das tut man beim Motorradfahren immer«, eröffnete ich das nächste Thema, denn zu Melanie fehlten mir die Argumente.

»Ach, Papa, manchmal bist du richtig altmodisch. Bleib einfach entspannt. Ich mag Motorradfahren, ich mag Melanie. Und sicher findest du auch wieder eine nette Frau an deiner Seite, mit der du dich wohlfühlst. Dann musst du dich mit deiner Sorge nicht mehr so auf mich stürzen.«

Ich will keine Frau. Ich will dich. Ich will meinen Sohn. Für immer. Verdammt für immer!

Severin wollte meine Verzweiflung offenbar nicht bemerken. Er holte ein Foto aus der Tasche und zeigte mir das Bild seiner Freundin. Blonde lange Haare, Beine, die wie Stelzen wirkten, und einen Po, der jede Jeans zu einer Augenweide machte. Das Gesicht mit der feinen Nase würde sich mir für immer einprägen. Severin hatte eine attraktive Frau abbekommen, keine Frage.

Ich schob das Foto weg. »Nun, wenn du meinst, dass dies die richtige Entscheidung ist. Wo ist die Maschine?« Ich wollte sie umstoßen, zerstören, zerkratzen. Genau, wie ich dieser Melanie am liebsten tiefe Krater in die makellose Haut schlagen würde.

»Im Augenblick habe ich sie am Ehm-Welk-Haus 79 geparkt. Dort ist nicht so viel los. Ich fahre gleich nach Hamburg zurück.« Seine Stimme klang unnahbar, es wirkte fast so, als habe er sich einen halben Meter von mir entfernt.

Ich muss guten Willen beweisen. Ich muss, wenn ich ihn nicht verlieren will.

»Möchtest du mir das Motorrad nicht zeigen?«

Ein flüchtiges Lächeln huschte über sein Gesicht, er blieb vorsichtig. »Ja, gern. Aber zunächst möchte ich noch zum Keramik-Atelier 80 und für Melanie eines dieser süßen Tontiere kaufen. Sie liebt sie und hat bereits eine ganze Sammlung davon. Ich bringe ihr immer eines mit«, fügte er hinzu. Als er meinen skeptischen Blick sah, machte er mir ein Friedensangebot, weil er spürte, wie verletzt ich war. Und so schenkte er mir ein wenig Zeit. »Wir brauchen ja nicht den direkten Weg zu gehen, dann können wir ein wenig plaudern, ehe ich losfahre. Lass uns einen kleinen Bogen zum Laden machen.« Ich folgte Severin und heute bin ich dankbar, dass ich es getan habe. Kurz danach war alles vorbei und ich konnte nur noch in Erinnerungen schwelgen.

Wir liefen am alten Stadtknast 81 vorbei, bis wir in der Mollistraße 82 ankamen. Obwohl ich schon lange in Bad Doberan lebe, empfinde ich es noch immer als einzigartig, wenn der Molli 83 durch die enge Straße stampft. Severin schien es ähnlich zu gehen, seine Augen leuchteten wie die eines kleinen Jungen. Wie oft denke ich an diesen Augenblick. Weil es einer der letzten war.

Bunte Steine wiesen den Weg zur Keramikwerkstatt,

genau wie das Schaf mit dem schwarzen Kopf. Severin stöberte eine Weile in dem Atelier herum, bis er ein Tontier auf einem Stab gefunden hatte. »Das kann Melanie auf dem Balkon in die Blumenerde stecken.«

Severin hatte sich in der Tat verändert. Auf die Idee, ein Zuhause heimelig zu gestalten oder gar mit Deko zu versehen, wäre er vor Melanie gar nicht gekommen. Ich hasste sie. Vielleicht, weil ihr etwas gelungen war, was ich nicht geschafft hatte, vielleicht auch, weil mir allein durch diese Kleinigkeiten auffiel, wie weit sich Severin bereits von mir entfernt hatte. Wir trabten schweigend zurück durch die Mollistraße. Vor unserem Haus in der Goethestraße verabschiedete ich mich. Ich wollte einfach nicht sehen, wie er sich mit dem Motorrad auf den Weg machte. Er hinterfragte auch nicht, weshalb ich nun doch nicht mitkommen wollte.

Ich glaube, Severin war froh, gehen zu können, ohne einen weiteren negativen Kommentar von mir.

»Ich fahre auf direktem Weg zu Melanie.«

Ich sah ihm nach. Er war mir entglitten.

Zwei Stunden später klingelte die Polizei bei mir. Sie mussten nichts sagen, ich wusste auch so, warum sie vor meiner Tür standen. Die Höllenmaschine hatte ihren Tribut gefordert. Schneller und rücksichtsloser, als ich es erwartet hatte. Und ich wusste, wem das zu verdanken war.

Seitdem gibt es in meinem Leben nur ein Feindbild und das ist weiblich. Melanie. Sie war damals nicht mal zur Beerdigung erschienen. Und das, wo sie doch angeblich heiraten wollten. Eine Karte hatte sie geschickt, dass sie Beisetzungen nicht mochte und außerdem hätte sie eine schlimme Erkältung. Lauter faule Ausreden …

Severin aber war tot, hatte eine große Lücke hinterlassen, die sich einfach nicht schloss, egal, was ich auch anstellte. Ich kannte mich ja selbst nicht wieder. Aus mir, dem liebenden Vater, war ein hasserfüllter Mann geworden. Ich stieß in der Nacht wahllos Motorräder um, durchstach die Reifen. Und fühlte mich wie ein Lebensretter, weil sich der Fahrer in dieser Nacht ganz sicher nicht totfahren würde.

Dann aber kam wieder der Muttertag mit dem Motorradtreffen vor dem Münster. Es galt als großes Ereignis, wenn die Biker jährlich eintrudelten. In all den anderen Jahren nach Severins Tod war ich weggefahren, weil ich es nicht ertragen konnte, wenn die Motorradhorden hier einfielen. In diesem Jahr aber hatte ich mir das rechte Knie gestaucht. Es war lange her und irgendwann musste ich mich schließlich der Vergangenheit stellen. Ich wollte mich in mein Haus zurückziehen und einfach abwarten, bis alles vorbei war.

Aber es kam anders. Mich trieb eine innere Stimme an, sie scheuchte mich zum Münster, wo die Biker mit ihrem ständig aufheulenden Motorengeräusch nicht zu überhören waren. Ich konnte nicht anders: Ich schlich mich am Möckelhaus mit dem Seebädermuseum [84] vorbei. Am Torhaus Café [85] war bereits eine Menge los.

Etliche Biker lümmelten sich um das Denkmal für die Opfer des Faschismus [86], das rechter Hand in der Klosteranlage lag. Ich wandte den Blick ab, konnte die lederbekleideten Menschen kaum ertragen. So hätte auch Severin heute ausgesehen. Schwarze Lederhose, Jacke. Sturzhelm. Von ihm war nichts übrig geblieben, als ihn der Lastwagen überrollt hatte. Severin war ein Toter ohne Kopf, ich durfte ihn nicht einmal mehr ansehen.

Warum nur hatte er auf dieses Mädchen gehört? Warum nur musste er sich eine Maschine kaufen? Er wäre ein angesehener Architekt geworden, hätte sich in Bad Doberan einbringen können. Es gab so viel zu restaurieren, weiter aufzubauen. Aber er war tot. Auf der A 20 von einem Sattelzug erfasst. Auch wenn er nicht hatte leiden müssen, war das kein Trost.

Ich kämpfte mich durch die Bier trinkende Masse. Es war ein Event, dieses Treffen hier. Wer wusste schon, für wen es heute tödlich enden würde? Sie spielten alle mit ihrem Leben.

Und dann sah ich sie. Eindeutig, dieses Gesicht würde ich unter Tausenden erkennen. Sie hockte unterhalb des Schwanendenkmals 87 und rauchte. Ein Typ hatte den Arm um sie gelegt. Sie lachte laut. Melanie hatte ihr Leben. Severin nicht. Er lag auf dem Friedhof von Bad Doberan. Ich hatte einen extra großen Grabstein für ihn gekauft.

Ich blieb wie angewurzelt stehen. Konnte den Blick nicht von ihr wenden. Melanie war nach wie vor schön. Viel zu schön. Ich näherte mich ihr, umrundete sie, doch sie reagierte nicht. Wie auch? Sie hatte mich noch nie gesehen. Selbst wenn Severin ihr ein Foto von mir gezeigt hatte, würde sie mich nicht erkennen. Ich hatte mich verändert, mir einen Bart wachsen lassen, trug eine Sonnenbrille, weil meine Augen vom Alkohol rot umrändert waren. Ich trank zu viel, seit Severin nicht mehr da war. Eine Flasche Rotwein am Tag war das Minimum. Meist brauchte ich auch noch einen oder zwei Schnäpse dazu.

»Hey, Alter, verzieh dich und glotz nicht so«, herrschte mich der junge Mann an Melanies Seite an. Seine Alkoholfahne waberte zu mir herüber. Ich ballte die Faust. Für solche Menschen war Severin gestorben. Für eine Frau, die seinen eigenen Vater verhöhnte.

Melanie nahm ihrem Begleiter die Bierflasche aus der Hand. Die Lederkombi war bis zur Hüfte heruntergerutscht. Ein schwarzes Shirt klebte über ihren apfelgroßen Brüsten. »Was sehen Sie mich so an? Sind wir uns schon mal begegnet?«

Ich schüttelte den Kopf und ging weiter. Aber ich wusste nun, dass sie hier war. Und ich wusste, was ich zu tun hatte, damit sie nicht wiederkam ...

Die Nacht ist dunkel, als ich mich aus dem Klostergarten schleiche. Mein Werk ist vollbracht. Melanie ohne Nachnamen, denn den unsrigen hat sie wegen Severins Tod ja nicht mehr erhalten, kann mich nicht mehr verletzen. Ich bin ihr nachgeschlichen, als sie in die Büsche wollte. Keine Manieren, die Frau. Sie plante, einfach so ins Gras zu pinkeln. Ein kräftiger Ast war schnell gefunden. Sie ist ins Wasser gesunken und sofort untergetaucht.

Ich gehe jetzt nach Hause. Muss meinen Bart abrasieren und die Brille entsorgen. Ab morgen werde ich keinen Alkohol mehr trinken. Ich beginne ein neues Leben. Es ist vollbracht.

FREIZEITTIPPS

72 Klosteranlage Bad Doberan

Die Klosteranlage rund um das Münster erstreckt sich über ein Areal von fast zwei Quadratkilometern. Auf dem Gelände befinden sich alte, faszinierende Bauten, die Klosterteiche, der Klosterkräutergarten und vieles mehr. Umgeben ist die Anlage von der Klostermauer, hinein kommt man von der Stadtseite her durch das Torhaus. Linker Hand fallen sogleich das Denkmal für die Opfer des Faschismus und die dahinterliegenden Klosterteiche auf. Das Beinhaus befindet sich hinter dem Münster, hält man sich rechts, kommt man zum Kornhaus, das heute als Café und soziokulturelle Begegnungsstätte mit Kreativangeboten genutzt wird. Hinter dem Kornhaus liegt ein Klostergarten mit Kräutern und einer Streuobstwiese. Ein herrlicher Rückzugsort vom Alltagsstress! Die Ruine des ehemaligen Wirtschaftshauses, das bis auf die Grundmauern abgebrannt ist, wirkt imposant. Der Klostergarten hinter der Ruine ist neu angelegt und wird u. a. für Mittelaltermärkte genutzt. Die Klosteranlage bietet eine wunderbare Kulisse. Zu den roten Steinen, die beim Klosterbau verwendet wurden, besagt eine Legende, dass sie deshalb so rot sind, weil sie mit Blut getränkt seien.

73 Münster

Das Doberaner Münster ist ein überaus beeindruckendes Bauwerk, und ein Besuch ist nicht nur Freunden von alten Kirchen zu empfehlen. Beim Münster handelt es sich um eine Zisterzienserklosterkirche aus dem 13. Jahrhundert. Es gilt als Bau der Backsteingotik und glänzt durch eine vielfältige mittelalterliche Ausstattung, wie man sie sonst nirgendwo findet. Das Münster liegt inmitten der Klosteranlage. Der gigantische Prachtbau besticht allerdings im Inneren durch seine Einfachheit. Auch wenn Glasmalereien die Fenster zieren, Grabplatten, Gedenktafeln und Statuen verschiedener Äbte, Bischöfe und Herrschenden ihre eigene Geschichte erzählen, wirkt das Kircheninnere keinesfalls überladen. Der Hochaltar (um 1300) im Hohen Chor mit den Seitenflügeln, die die Geschichte Christi und die Passion abbilden, ist genauso interessant wie der Kreuzaltar aus dem Jahr 1360. Auch das Chor-, Leviten- und Laiengestühl mit den geschnitzten Gestühlswangen ist absolut sehenswert. Das Doberaner Münster ist täglich geöffnet, kann auf eigene Faust oder mit einer Führung besichtigt werden.

Öffnungszeiten:

Mai–September: Mo. bis Sa. 9–18 Uhr; Sonn- und Feiertage 11–18 Uhr

März, April, Oktober: Mo. bis Sa. 10–17 Uhr; Sonn- und Feiertage 11–17 Uhr

November–Februar: Mo. bis Sa. 10–16 Uhr; Sonn- und Feiertage 11–16 Uhr

Weitere Informationen zum Münster, den Führungszeiten etc. entnehmen Sie bitte der ausgelegten Literatur sowie dem Informationsbüro.

Evangelisch-Lutherische Kirchengemeinde Münster
Klosterstraße 2
18209 Bad Doberan

Telefon: 038203/62716
Oder
der Homepage: www.muenster-doberan.de

74 Goethestraße

Die Goethestraße in Bad Doberan ist allein wegen der interessanten Architektur einen zweiten Blick wert. Nicht nur, dass sich hier eine sehenswerte Villa an die nächste reiht, die Häuser sind zusätzlich mit verschiedenen Emblemen verziert. So gibt es beispielsweise das Bienenhaus. Sein Dachfirst gleicht einem Bienenkorb. Beim Mondhaus schmücken zwei Halbmonde das Balkongeländer, während das Sonnenhaus bis zur Wende ein rundes Fenster hatte. Das Muschelhaus fällt mit den Muschelmotiven im Mauerwerk auf. Durch die Goethestraße führen auch die Schienen der Bäderbahn Molli.

75 Alte Stasihäuser

Nichts erinnert heute mehr an die düstere Vergangenheit der Häuser in der Goethestraße 1 und 3. In der Nummer 1 befanden sich zu DDR-Zeiten die Zellen, heute ist das Haus ein schmucker gelber Bau mit freundlichem Türmchen und Fachwerkelementen. Direkt daneben in der Nummer 3, einer großen weißen Villa, war der Bürotrakt der Stasi untergebracht.

76 Logierhaus

Das Logierhaus mit dem Hotel Friedrich-Franz-Palais befindet sich am Kamp in der August-Bebel-Straße (früher Großherzogliche Prachtstraße).

Das große weiße Gebäude ist nicht zu übersehen. Außergewöhnlich ist die durchgehend helle Farbe, womit man sogar die Fachwerkbalken überstrichen hat. Vielleicht, um dem Bauwerk mehr Glanz zu verleihen oder es von der Umgebung abzuheben? Es ist das älteste Hotel in Bad Doberan und stammt aus dem Jahr 1795. Noch heute haftet ihm ein mondänes Flair an und macht deutlich, wer dort in vergangenen Zeiten residiert hat – oder es noch immer tut, denn auch die Könige und Adligen unserer Zeit sind im Hotel Friedrich-Franz-Palais schon abgestiegen. So zum Beispiel Königin Beatrix aus den Niederlanden. Hinter dem Logierhaus befindet sich der Logierhauspark mit seinem wunderbaren Rosengarten.
Mehr unter: www.hotel-friedrich-franz-palais.de

77 Weißer und Roter Pavillon auf dem Kamp
Der Weiße und Rote Pavillon stehen auf der Grünfläche Kamp im Dreieck von Am Kamp, Severinstraße und August-Bebel-Straße. Der Weiße Pavillon beherbergt ein Café, war aber früher das Heimatmuseum der Stadt.
Der Rote Pavillon ist eine Galerie des Kunstvereins. Hier finden Ausstellungen und Lesungen statt. Beide Pavillons sind von Carl Theodor Severin als Musikpavillons gebaut worden. Auf dem Kamp lustwandelten früher die Reichen und Schönen, die Bad Doberan besuchten und im Logierhaus untergekommen waren. Auch heute laden die typischen weißen Bänke zum Verweilen ein und lassen die Vergangenheit lebendig werden.

Mehr zu den Pavillons unter:
www.roter-pavillon.de
und
www.weisser-pavillon.de

78 Haus Gottesfrieden

Im Haus Gottesfrieden lebte der große Baumeister und Architekt Carl Theodor Severin. Er hat das Stadtbild Bad Doberans nachhaltig geprägt, stammen doch viele bekannte Bauwerke von ihm. Carl Theodor Severin hat dieses Haus in den Jahren 1823/24 für sich als Wohnhaus erbaut. Es liegt am Alexandrinenplatz und ist heute Bildungs- und Freizeitstätte des Mecklenburgischen Gemeinschaftsverbandes e. V. und gehört zur evangelischen Kirche. Zu DDR-Zeiten diente es als Diakonissenhaus.
Mehr unter: www.haus-gottesfrieden.de

79 Ehm-Welk-Haus

Das Ehm-Welk-Haus steht in der Doberaner Chaussee und wirkt auf den ersten Blick eher unscheinbar. Hier lebte und wirkte der bekannte Schriftsteller Ehm Welk, der der Stadt Bad Doberan das Haus vermachte. Ihm war es wichtig, daraus einen lebendigen Ort der kulturellen Begegnung zu machen und keine Gedenkstätte. Es gibt dennoch einen Ausstellungsbereich mit Informationen über die Werke und das Leben des Schriftstellers. Außerdem sind sowohl der Sommerarbeitsplatz als auch sein Schreibzimmer samt Bibliothek zu besichtigen. Darüber hinaus finden im Wohnzimmer des Ehm-Welk-Hauses verschiedene Kulturveranstaltungen wie Lesungen, Kabarett, Konzerte und Puppentheatervorstellungen statt.

80 Keramik Atelier

Ein Geheimtipp für alle Keramikliebhaber! In der Keramikwerkstatt Ina Müller findet sich alles, was das Herz begehrt. Der Schwerpunkt aber liegt auf den »liebevoll gestalteten Keramikviechern«. Alles wird im Atelier selbst hergestellt, vom Drehen bis zum Malen. Die Tiere gibt es als Dekoelemente auf Pfählen, für den Teich oder fürs Haus. So sind neben Wattwürmern auch Schwimmfische, Wallsteine, Hühner und anderes Getier zu finden. Als weitere Besonderheit bietet die Keramikwerkstatt auch bemaltes Treibholz an. Jedes Stück hier ist ein Unikat. Ein Besuch lohnt sich und als individuelles Andenken an Bad Doberan eignen sich die verschiedenen Kunstwerke ganz sicher. Zu finden ist die Keramikwerkstatt in der Mollistraße 12 (im Innenhof neben der OSPA). Ein Schäfchen an der Ecke und bunte Steine weisen den Weg.

81 Ehemaliger Stadtknast

Der ehemalige Stadtknast liegt in der August-Bebel-Straße zwischen dem Gymnasium und dem alten Kurhaus. Ein baufälliges Fachwerkhaus inmitten der Prachtbauten der Stadt. Aber gerade weil der alte Stadtknast so unscheinbar wirkt, ist er einen zweiten Blick wert, haftet ihm doch eine große Geschichte an, mit der viele Schicksale verknüpft sind. Bad Doberan von einer ganz anderen Seite.

82 Mollistraße

Die Mollistraße hieß zu DDR-Zeiten noch Thälmannstraße. Sie ist recht eng und es ist jedes Mal beeindruckend, wenn sich die Bäderbahn Molli durch die enge Straße schiebt. Erst ist nur ein Schnaufen und Stampfen zu hören, dann sieht man den Rauch und schließlich wird es eng in der Mollistraße in Bad Doberan …

83 Bäderbahn Molli

Wohl kaum etwas in der Region fasziniert so wie die Bäderbahn Molli, die es bereits seit 1886 gibt. Sie gehört zu den ältesten Schmalspurbahnen und verkehrt regelmäßig zwischen Bad Doberan und Kühlungsborn. Der Molli wird als öffentliches Verkehrsmittel eingesetzt, im Winter fährt er im Zweistundentakt. Es gibt die Option sowohl im »normalen Passagierwagen« zu reisen als auch im »Salonwagen«. Lokmitfahrten im Führerstand sind ebenfalls möglich. Die Bäderbahn ist individuell als Sonderfahrt mit Rahmenprogramm buchbar.
Auskunft und Reservierung:
Mecklenburgische Bäderbahn
Fritz-Reuter-Straße 1
18225 Bad Doberan
Telefon: 038293/431331
www.molli-bahn.de

84 Möckelhaus mit Stadt- und Bädermuseum

Das Möckelhaus steht kurz vor dem Eingang zur Klosteranlage. Es wurde in den Jahren 1886-1888 von Gotthilf Ludwig Möckel erbaut. Er war zustän-

dig dafür, die Restaurierungsarbeiten an der Klosterkirche zu überwachen und benötigte deshalb einen Wohnsitz in Bad Doberan. Im Möckelhaus befindet sich heute, nachdem es zwischenzeitlich bereits als Museum genutzt wurde, das Stadt- und Bädermuseum. Die Ausstellung gibt einen umfassenden Überblick über die Geschichte von Bad Doberan und Heiligendamm als erstes Seebad. Weiter werden auch eine Präsentation zur Frühgeschichte des Zisterzienserklosters und ständig wechselnde Sonderausstellungen gezeigt. Ein Freigelände gehört zum Museum dazu. Näheres und Öffnungszeiten unter:
Stadt- und Bädermuseum Bad Doberan
Beethovenstraße 8
18209 Bad Doberan
Telefon: 038203/62026
www.moeckelhaus.de

85 Torhaus Café

Das Torhaus Café passiert man, wenn man die Klosteranlage durch das Westtor betritt. Es ist bereits 250 Jahre alt und besticht durch ein ausgesuchtes und vielseitiges Sortiment an Klosterwaren in historischem Ambiente. Hausgemachte Köstlichkeiten wie Marmeladen, Werke heimischer Künstler und Handwerker wechseln sich ab mit Gewürzen, Likören und mehr. Angegliedert ist ein kleines, überaus uriges Café, wo den Gast, neben Kaffee und verschiedenen Teesorten, selbstgebackener Kuchen und Torten der Extraklasse oder ein deftiger Eintopf (beides wie von Oma) erwarten.
Mehr unter: www.torhaus-doberan.de

86 Denkmal für die Opfer des Faschismus

Dieses Denkmal stammt von Reinhard Dietrich aus dem Jahr 1986. Es befindet sich vor den Klosterteichen und ist nicht zu übersehen. Eine geteilte, zerrissene Mauer, am Boden liegend ein Mann, der um Hilfe schreit. Ein anderer Mann versucht sich aus dem Spalt zu befreien.

87 Schwanendenkmal im Klosterpark

Direkt vor dem Kloster steht ein Schwanenbildnis. Dieses Denkmal wurde schon mehrfach zerstört und deshalb hat man es nun in Metall herstellen lassen, weil es so robuster ist. Der Schwan symbolisiert die Gründungslegende von Bad Doberan.

8. ROSTOCK

Die Hansestadt Rostock mit dem Seebad Warnemünde ist immer eine Reise wert. Sei es, dass man den Besuch in der historischen Altstadt beginnt oder gleich das Seebadflair Warnemündes wahrnimmt. Doch bleiben wir zunächst in Rostock selbst. Die Stadt liegt beidseitig der Warnow und grenzt nördlich mit Warnemünde an die Ostsee. Für Mecklenburg-Vorpommern ist Rostock die wirtschaftlich wichtigste Stadt, die durch Vielseitigkeit glänzt. Das moderne Rostock verbindet sich unaufdringlich mit der Historie.

Im Jahr 1218 erhielt Rostock die Stadtrechte und blühte unter der Hanse auf. Rostocks Geschichte spiegelt sich in der Altstadt wider, wobei moderne Gebäude die Architektur ergänzen und sich größtenteils harmonisch einfügen. Die Innenstadt zeichnet sich mit Bauten der Backsteingotik und alten Giebelhäusern aus. Auch Teile der Stadtmauer sind noch zu erkennen. Sehenswert sind die Kirchen, der Stadthafen und das Kröpeliner Tor, um nur ein paar Beispiele zu nennen.

Das neuzeitliche Rostock ist geprägt durch eine abwechslungsreiche Kulturszene, architektonisch interessante und wertvolle Bauwerke, die Universität Rostock und den großen Zoo mit Darwineum, der seinesgleichen sucht. Die Hanse Sail lockt jährlich viele Besucher in die Stadt. Rostock umranken etliche Legenden, die durch Skulpturen an verschiedenen Gebäuden erzählt und immer wieder neu interpretiert werden. Ihre eigenen Geschichten schildern die Schlangen am Rathaus und die 14 Gestalten an der Marienkirche. Das Steintor mit dem Mann und dem Rundbrot gehört ebenfalls dazu.

Mit dem Seebad Warnemünde verfügt Rostock außerdem über einen einzigartigen Sandstrand. Dazu mehr unter Warnemünde.

Mehr Infos:
Touristinformation Rostock
Universitätsplatz 6
18055 Rostock
Telefon: 0381/3812222
www.rostock.de

Anreise:
Mit dem Pkw: über die A 20 Abfahrt Rostock
Mit der Bahn: mit dem Zug zum Hbf. Rostock
Mit dem Schiff: TT-Linie von Travemünde oder Trelleborg
Und weitere Verbindungen von Dänemark, Schweden und Finnland

DER KILLER VON ROSTOCK

Ich bin ein Killer und ich will nicht behaupten, dass ich besonders stolz darauf bin. Aber ich kann nicht anders. Ich muss töten. Immer wieder. Der Hass treibt mich an. Nur geht es mir anschließend nicht besser. Beileibe nicht und, ehrlich gesagt, tue ich mir manchmal direkt leid, weil ich diesem furchtbaren Zwang erliege. So sehr ich auch dagegen ankämpfe: Mir bleibt keine andere Wahl, als zu töten. Je häufiger, desto besser. Je einfallsreicher, desto mehr reizt es mich. Darauf folgt eine Hochstimmung, dann kommt die Ernüchterung. Dieses Gefühl der Leere und Sinnlosigkeit. Aber ich werde verfolgt und mir bleibt nur, mich zu wehren. Wieder und wieder. Sie oder ich.

Zunächst hatte ich Glück, weil mich kein Mensch für meine Taten belangte. Ich war vorsichtig, gerissen und kannte zum Schluss sämtliche Methoden. Ein echter Fuchs!

Aber alles hat einmal ein Ende. Ich werde jetzt versteckt und ich fürchte Racheattacken. Nirgendwo bin ich mehr sicher. Sie rotten sich bereits zusammen, planen Vergeltung. Ich weiß es genau. Es ist furchtbar, dass ich ihnen hilflos ausgeliefert sein werde. Die Ersten habe ich schon gesichtet. Sie werden Rache üben. So lange, bis ich es nicht mehr aushalte und mich von selbst von dieser Erde katapultiere oder sie es mit mir tun. Ich habe ihnen zu viel genommen. Die Mutter, den Vater, Geschwister und Tanten, Freunde. Jeder zahlt im Leben für seine Sünden.

Doch zuerst muss ich weitertöten. Es ist zu meinem Lebensinhalt geworden. Ich MUSS. MUSS. MUSS. Aber ich erzähle besser von vorn ...

Begonnen hat es im September bei einem Besuch im Rostocker Zoo 88 . Es sollte ein schöner Tag werden. Ich liebe es, durch die Zooanlagen zu flanieren, die Tierarten zu bestaunen und in Gedanken auf Reisen zu gehen. Hin und wieder bilde ich mir ein, wirklich in der Savanne einer Giraffe oder einem Löwen gegenüberzustehen, den Äffchen bei ihren Spielen zuzusehen. Da ich nicht viel Geld habe, erspare ich mir so etliche Reisen. Ich hätte aber nicht im Spätsommer hierher gehen sollen, vielleicht wäre mir alles erspart geblieben, denn bis zu diesem Tag wusste ich nichts von dieser mörderischen Ader. Ich wäre meinem ersten Opfer nicht begegnet, der unbändige Hass wäre nie entfacht worden. Fehler erkennt man leider meist erst dann, wenn es zu spät ist. Seit meinem Besuch an diesem vermaledeiten Tag kann ich die Leichen, die meinen Weg pflastern, nicht mehr zählen. Das Höllentor ward aufgetan und ich bekomme es nicht mehr zu. Mein Zuhause ist jetzt dort und zu Beginn ging es mir mies dabei. Ehrlich!

Jedenfalls führte mein Weg mich mal wieder zum Affengehege. Ich liebte es, den Tieren beim Toben zuzuschauen, und kaute dabei an einer Birne. Genau in diesem Augenblick begann diese mörderische Tour. In mir erwuchs eine merkwürdige Hektik, eine nicht zu stoppende Unruhe. Ich versuchte, vor diesem Gefühl zu fliehen, doch es war zu spät.

Kurz darauf beging ich, gleich neben dem Darwineum, meinen ersten Mord. Klammheimlich und gut getarnt. Wenn man einmal gemordet hat, ist das zweite Mal schon leichter und ab dem zehnten Mal geht es einem von der Hand wie das tägliche Butterbrotschmieren. Das muss man sich mal überlegen: nach dem zehnten Mal! Die Rostocker müssten vor Angst erstarren, sich fürchten, weil es mich gibt. Mich, den Killer der Hansestadt.

Nach dem Mord im Zoo hatte ich zumindest noch ein schlechtes Gewissen. Ich wusch mir die Hände, bis sie knallrot geschrubbt waren. Als das nichts nützte, riss ich mir die Klamotten vom Leib, duschte, bis die Haut schrumpelig wurde, weil ich mich selbst nicht leiden konnte.

Die Nächte waren besonders schlimm. Da kamen die Gedanken. Schweißausbrüche, Tränen, Herzrasen. Es ist verdammt schwer, ein Mörder zu sein, glauben Sie mir. Aber ich schweife schon wieder ab.

Nach dem Mord verschwand ich sofort aus dem Zoo. Es wäre zu übel gewesen, hätte man mich auf frischer Tat ertappt. Ich musste sowieso erst einmal selbst damit fertig werden. Dabei hätte mir, wenn man mich ertappt hätte, auch kein noch so gut ausgebildeter Psychoheini helfen können. Als Mörder hat man ein Anrecht auf Therapie, damit man es nicht wieder tut, aber so einsichtig war ich zu diesem Zeitpunkt noch nicht. Zwar überwog die Scham über die Tat, aber ich wusste, dass ich es wiederholen würde.

Ich floh in Rostocks Innenstadt. Da war die Hölle los, weil die Hanse Sail **89** begonnen hatte. Zu dieser Zeit schoben sich Tausende von Menschen durch die Straßen und stürmten unseren Stadthafen **90**. Ich brauche es Ihnen wohl nicht extra zu sagen. Wer einmal dort war, kann ein Lied davon singen. Direkt am Kai bei den Speicherhäusern gab es den nächsten Toten und kurze Zeit später noch einen an der alten Stadtmauer **91**. An dem Tag hatte ich die Nase gestrichen voll. Drei Morde in 24 Stunden überforderten vielleicht nicht James Bond, wohl aber mich. Ich bin so zart besaitet!

Trotzdem hielt mich am nächsten Tag nichts mehr zu Hause, ich wurde wie von einer inneren Stimme getrieben. Eine Stimme, die mir riet, durchzugreifen, nichts dem Zufall zu überlassen und unerbittlich zuzuschlagen, wo es nottat. Ich war wie von Sinnen. Ich musste weitermachen, diesen dunklen Pfad zu Ende gehen. So lange, bis es vollbracht war. »Es dauert nur bis Anfang November, danach ist es vorbei. Dann hast du ein Jahr Ruhe, bis du wieder losziehen musst.« Ich versuchte ständig, mich selbst zu beruhigen.

Aber es gab kein Halten und so machte ich weiter.

Nach der Tat an diesem Tag konnte ich von Glück sagen, dass niemand mein Tun bemerkt hatte, denn ich mordete direkt am Steintor 92, wo wirklich viel los war. Anschließend suchte ich die Marienkirche 93 auf. Ich erhoffte mir göttlichen Beistand. Der liebe Gott sollte mich erlösen, denn ich war ja nicht mehr ich selbst. Ich bin von Natur aus ein freundlicher und überaus friedlicher Mensch. Und nun war ich zu einem mehrfachen Mörder mutiert. Zu einem Psychopathen, den eine teuflische Stimme antrieb.

Ich hockte auf der Kirchenbank, senkte den Kopf auf die Hände, flehte den Herrn an, mir zu helfen. Ich konnte unmöglich so weitermachen. Die Marienkirche war legendenbehaftet, bestimmt würde mir eine der 14 ehrbaren Gestalten, die an der Außenmauer als Relief angebracht waren, zur Seite stehen und ich war erlöst von diesem grausamen Drang. Doch mir begegnete nur der Dieb, der mit dem Reichtum durchgebrannt war. Er lächelte mich böse an und dann tauchte mein nächstes Opfer wie bestellt auf.

Ich tat das Allerschlimmste, was ein Mensch tun konnte. Ich tötete in der Kirche. Anschließend legte ich die Leiche gleich vorn rechts am Altar ab und mir gelang es im letzten Moment, zu verschwinden.

Das war der vierte Mord.

Ich fragte mich oft, wie die anderen Kollegen meiner Branche damit umgingen. Gut, mein freundliches Alltagsgesicht hatte auch ich beibehalten. Niemand würde glauben, dass ich zu so etwas fähig wäre. Das gehört schließlich zum Grundprogramm, das muss man beherrschen, wenn man sich zu diesem Werdegang entschließt. Doch nun, nach dem Mord in der Kirche, quälten mich meine Gedanken in fast unerträglichem Ausmaß, tanzten wild hin und her. Viel tiefer sinken konnte ich nicht. Mord in einer Kirche, vor Gottes Augen.

Es gab jetzt niemanden mehr, der mich aufhielt. Zu Hause überkam mich dann das volle Elend über meine Schlechtigkeit und ich schloss mich waidwund zwei volle Tage mit heruntergelassenen Rollos in meiner Wohnung ein. Jetzt wäre ein Gang zum Psychomann eine Option gewesen. Jetzt wäre ich vielleicht noch zu retten gewesen und alle noch kommenden Opfer ebenfalls. Aber es gab keine Hilfe, ich war allein und so setzte sich dieses unheilvolle Spiel auf grausame Art und Weise fort. Gut, es gab eine Pause, in der ich gegen mich selbst kämpfte, in der der Drang, mein altes Leben zurückhaben zu wollen, übermächtig wurde. Die Pause, in der ich wünschte, dass es aufhörte. Die Pause, in der diese Stimme in mir schwieg.

Doch schon kurze Zeit später erwachte sie aus ihrer Sprachlosigkeit und es ging wieder los. In mir wütete ein Aufstand. Meine Gedanken zankten sich miteinander, rissen an mir herum und ich war unfähig, mich zu wehren. Ich war ein unschuldiger Mörder, weil ich dem Drang zu töten, nichts entgegenzusetzen hatte. Das müssen Sie sich vorstellen wie einen unerträglichen Juckreiz, bei dem sie kratzen und immer wieder kratzen.

Die Bilder meiner Opfer schoben sich wieder nach oben. Sie ließen mich nicht zur Ruhe kommen, sondern zwangen mich, neue Mordmethoden zu ersinnen. Mehr Fantasie walten zu lassen. Jeden Tag ein Mord war die Devise. Ich durchforstete das Netz nach geeigneten Möglichkeiten und dann war ich nicht mehr zu halten. Ich musste raus. Weitermachen. Töten.

Strafrechtlich war mehr als lebenslänglich nicht drin, von daher hatte ich von jetzt an Narrenfreiheit. »Ist der Ruf erst ruiniert, lebt es sich ganz ungeniert.« Also schlug ich wieder zu.

Ich mordete im Vorübergehen an der Universität 94, direkt vor dem alten, ehrwürdigen Hauptgebäude. Eine Studentin hätte mich fast erwischt. Ich hoffte, sie hatte sich mein Gesicht nicht gemerkt. Beim Durchqueren der Innenstadt kam ich an der Stadtbibliothek im Giebelhaus 95 vorbei. Ich huschte hinein. Immer auf der Suche nach einem neuen Opfer, das ich mit einem Handstreich von dieser Erde fegen konnte. Das begegnete mir zwar nicht, aber ich fand drei wunderbare Bücher mit hervorragenden Anleitungen, wie ich meine Mordmethoden optimieren konnte. Mein schlechtes Gewissen schwand immer mehr. In der Bibliothek lagen sogar Anweisungen mit anschaulichem Bildmaterial aus, wie ich mein Vorhaben besser umsetzen konnte, damit auch wirklich nichts schiefging. Ich war gar nicht allein auf dieser Welt. Neben mir gab es unzählige Mitstreiter, die dasselbe Ziel verfolgten wie ich. Nur war mir das vorher in meinem »normalen« Leben nie aufgefallen. Mich beflügelte das.

Ich hüpfte förmlich über den Neuen Markt 96, erschlug am Brunnen gleich zwei Opfer und winkte den Schlangen vor dem Rathaus 97 mit der linken Hand zu, während ich mit der rechten einen weiteren Mord beging. Ganz schön dreist, oder?

Meine Zielsetzung hatte sich geändert, mein Fokus war verschoben. Ich schämte mich plötzlich nicht mehr meiner Taten. Ich verspürte mittlerweile so etwas wie Stolz. Ich war Jack the Ripper ebenbürtig und würde als Killer von Rostock in die Annalen der Geschichte eingehen. Ich war sogar besser und gewiefter als dieser englische Killer. Ich hatte schon jetzt mehr Morde begangen als er und noch immer wusste man nichts von mir. Aber eines Tages ... Meine blutige Spur würde auch dereinst in einer Skulptur verewigt werden. Ich sah mein Relief als neue Legende von Rostock bereits an einer Hausfassade verewigt. Genannt in einem Atemzug mit den Schlangen vor dem Rathaus, dem Mann mit dem Rundbrot oder den 14 Gestalten an der Marienkirche.

Am Kiosk erwarb ich die Ostseezeitung und war ziemlich enttäuscht, dass mein Tun mit keiner Zeile erwähnt wurde. Hatte man die Toten etwa nie entdeckt, weil ich zielsicher vorgegangen war?

Ich weiß es bis heute nicht, denn ich musste kurzfristig aus der Stadt fliehen. Aber sie haben mich eingeholt, diese Leute mit einem weißen Kastenwagen. Über meine vielen Leichen haben die kein Wort verloren. Einen großen Aufstand haben sie gemacht, das ja. Von wegen ruhestörendem Lärm und ich müsse mich beruhigen und so. Dabei habe ich der Nachbarschaft nur lautstark deutlich gemacht, dass ich sie alle töten würde! ALLE. Ich habe mich nämlich gleich nach der Lektüre aus der Stadtbibliothek daran gemacht, die Methoden auszuprobieren.

Es war Eile angesagt, weil die Nachkommen meiner Opfer mich verfolgten. Sie waren plötzlich da. Von einer Sekunde zur nächsten. In meiner eigenen Wohnung war ich mit einem Mal nicht mehr sicher. Sie wollten sich rächen, mich überfallen und mich daran hindern, einfach weiterzumachen. Und dann habe ich gehandelt.

Ein großer Teil ist mir in der Nacht noch in die Falle gegangen. Apfelsaft, Essig und ein Tropfen Spülmittel war das Mittel der Wahl. Die Lösung war schwarz. Aber als ich den Kühlschrank aufmachte, flog mir ein ganzer Schwarm ins Gesicht. Da bin ich ausgetickt. »Ich töte euch alle! Keiner von euch wird das überleben.« Ich beschwor sämtliche Endzeittheorien herauf. »Ich muss sie umbringen, diese Invasion.«

Irgendein Nachbar hat die Bullen gerufen und ich bin abgehauen. Und dann kamen diese Leute, die mich mit weicher Stimme aufgefordert haben, in den Wagen zu steigen. Geglaubt haben sie mir nichts.

Nun sitze ich allein in diesem Zimmer, aber ich weiß, dass sie da sind. Ich bin hier nicht sicher. Die Erste habe ich eben gesehen. Es werden mehr kommen und ich muss auch hier weitertöten. Töten. Töten. Töten.

Denn – ich hasse Fruchtfliegen.

FREIZEITTIPPS

88 Zoo mit Darwineum

Der Rostocker Zoo gilt als der größte Zoo an der deutschen Ostseeküste. Es handelt sich dabei um eine liebevoll gestaltete und zugleich große Anlage am Barnstorfer Ring. Rund 4.500 Tierarten aus allen Kontinenten leben dort in naturnahen Gehegen in einer großen Parklandschaft. Es ist möglich, bei den Fütterungen zugegen zu sein. Auf dem Areal gibt es viele Spielplätze und Mitmachaktionen und natürlich Cafés und Restaurants. Beeindruckend ist die Bärenburg oder die Großkatzenanlage. Der Streichelzoo ist für Kinder ein wunderbares Erlebnis. Liebt man den Nervenkitzel, sorgt das Krokodilhaus mit den imposanten Tieren für Gänsehaut, und großen Spaß macht auch die Robbenanlage. Für Ungeduldige gibt es den Zoo-Express, der die Besucher in 30 Minuten inklusive Führung durch den Zoo fährt. Erleben Sie den Zoo Rostock selbst! Es lohnt sich. Er ist auch mit öffentlichen Nahverkehrsmitteln gut zu erreichen und barrierefrei. Dem Zoo angegliedert ist das Darwineum. Es wurde im Jahr 2012 eröffnet und bietet einen einzigartigen Rundgang durch die Evolutionsgeschichte. Schon die riesigen Galapagos-Schildkröten im Eingangsbereich lassen ahnen, was den Besucher erwartet. Sie können rekonstruierte Dinosaurier bestaunen, eine Ausstellung zur Entstehungsgeschichte der Erde besuchen und vieles mehr. Der Gang endet im Tropenhaus, wo Gorillas, Orang-Utans und Gibbons in bombastischen Gehegen durch die Anlage turnen oder vor großen Fenstern schlafen. Ein Faultier klettert an den Aussichtsplattformen an einem Seil über die Köpfe der Besucher hinweg und vertreibt sich so die Zeit.

Die Öffnungszeiten sind denen des Zoos angeglichen (siehe auch Zoo Rostock), allerdings schließt das Darwineum eine Stunde nach Kassenschluss.
Geöffnet ist der Zoo ganzjährig von:
März bis April: 9–17 Uhr
Mai bis August: 9–18 Uhr
September bis November: 9–17 Uhr
November bis Februar: 9–16 Uhr
Mehr unter: www.zoo-rostock.de

89 Hanse Sail

Die Hanse Sail findet jährlich in Rostock statt und zieht in der Regel eine Million Besucher in die Hansestadt. Zu diesem Event kommen Traditionssegler, Kreuzfahrtschiffe, Fähren und andere Schiffe nach Rostock, auch die Gorch Fock war bereits zu Gast. Begleitend finden Hafenfeste und Kulturprogramme statt. Die Hanse Sail endet stets mit zwei Feuerwerken, eins in Warnemünde und eins im Stadthafen. Jedes Jahr gibt es ein anderes Veranstaltungsprogramm.
Mehr unter: www.hansesail.com

90 Stadthafen

Der Rostocker Stadthafen liegt an der Unterwarnow und gibt bis heute ein beeindruckendes Bild ab. Beim Stadthafen handelt es sich um den historischen Hafen Rostocks, dieser hatte vor allem im Mittelalter immense Handelsbedeutung. Nach der Modernisierung und dem Abbau sämtlicher Hafenanlagen ist er von großen Speichergebäuden und anderen Bauwerken umgeben, die Restaurants, Shops, Theater und Ähnliches beherbergen. Lediglich drei Kräne zeugen noch von der Handelswichtigkeit in alten Zeiten. Im Haedgehafen findet man noch kleine Museumsschiffe. Außerdem ist der Stadthafen in die Hanse Sail miteinbezogen.

91 Stadtmauerreste

In Rostock sind noch Reste der 1265 gebauten Stadtmauer zu sehen. Die damalige Mauer erstreckte sich über drei Kilometer und hatte 20 Stadttore. Am Beispiel des Kuhtores kann man die Art der Zugänge noch gut erkennen. Mauerreste sind unter anderem zu finden: unterhalb der Petrikirche, vor dem Kloster zum Heiligen Kreuz und am Kuhtor. Läuft man die ehemalige Stadtmauer mit den 20 Toren ab, hat man eine gute Vorstellung vom damaligen Befestigungsring.

92 Steintor mit Rundbrot

Das Steintor stammt aus dem Jahr 1270. Es gehörte zu den vier wichtigsten Toren der Stadt. Da es nach Süden ausgerichtet war, galt es wohl als das Haupttor. Das Steintor wurde im Krieg schwer zerstört und musste in den 50er-Jahren völlig restauriert werden. Es hat eine Stadtseite mit drei Wappen, die von Löwen getragen werden. Darunter ist die lateinische Inschrift *Sit intra te concordia et publica felicitas* zu finden, was so viel heißt wie: »In deinen Mauern herrsche Eintracht und allgemeines Wohlergehen«. Die Feldseite des Tores ist schmucklos. Eine Besonderheit des Steintores ergibt sich aus dem »Mann mit dem Rundbrot«, der oberhalb der Wappen eingearbeitet ist. Die Jahreszahl wurde aus unbekannten Gründen in 1576 geändert. Das Bild erzählt eine der vielen Legenden Rostocks. Zu den Sagen und Legenden um Rostock gibt es ein Buch: Hartmut Schmied: »Geister, Götter, Teufelssteine. Sagen- und Legendenführer Mecklenburg-Vorpommern«, Hinstorff Verlag, Rostock 2011. Es ist unter anderem in der Touristinformation erhältlich.

93 Marienkirche mit 14 Gestalten

Schon 1232 wurde an der Stelle der heutigen Marienkirche der Bau einer Kirche erwähnt und 1454 ist das Bauwerk in der jetzigen Form fertiggestellt worden. Die Marienkirche gehört zur evangelisch-lutherischen Kirchengemeinde. Sie besticht durch schlichte Eleganz. Sehenswert sind vor allem die schmuckvolle Kanzel aus dem Jahr 1574, die bronzene Tauffünte aus dem Jahr 1220, die zu den ältesten Kunstwerken der Kirche zählt und der Marienteppich mit Hochzeitstuch. Auch die Marienkirche umrankt eine Legende, die sich in den 14 Gestalten an der Außenmauer versteckt. Die 14 Männer sollen für den Kirchenbau verantwortlich gewesen sein. Doch es wird noch eine andere Geschichte erzählt: 14 reiche Männer waren berufen, in Rostock eine Kirche zu bauen. Groß und prächtig sollte sie sein. Die Hälfte der Männer brachte aus dem ganzen Land Mecklenburg Baumaterialien und Geld zusammen, die anderen sieben aber blie-

ben in Rostock und passten auf, dass alles glattlief. Aber einer der Zurückgebliebenen begann, die anderen um das Geld zu prellen. Als sie das entdeckten, töteten sie ihn. Die sieben verbliebenen Brüder werden nun auf dem Relief dargestellt, in der Mitte ist der Betrüger mit dem Geldsack abgebildet.
Am besten kann man die Gestalten von der Faulen Grube aus erkennen. Die komplette Legende ist nachzulesen in Hartmut Schmieds »Geister, Götter, Teufelssteine. Sagen- und Legendenführer Mecklenburg-Vorpommern«, Hinstorff Verlag, Rostock 2011, erhältlich u. a. in der Touristinformation oder unter:
Die 14 Brüder an der Marienkirche zu Rostock
Am Ziegenmarkt
18055 Rostock
Alles zur Marienkirche: www.marienkirche-rostock.de

94 Universität Rostock

Die Universität Rostock zählt zu den ältesten in Deutschland. Sie wurde bereits 1419 gegründet. In früheren Zeiten zog es Studenten aus dem gesamten Baltikum und aus Skandinavien nach Rostock, um dort zu studieren. Das Hauptgebäude stammt aus dem Jahr 1870 und befindet sich am Universitätsplatz in der Altstadt.
Heute beherbergt die Universität Rostock unterschiedliche Fakultäten und ist auf verschiedene Standorte verteilt. Einer der bekanntesten Absolventen ist Ernst Reuter, der in Rostock sein Jurastudium absolvierte.

95 Stadtbibliothek Rostock

Die Stadtbibliothek Rostock befindet sich in der Kröpeliner Straße im spätgotischen Backsteingebäude (ca. 15. Jahrhundert) Haus Ratschow. Dieses Haus fällt schon äußerlich mit seinem Treppengiebel und dem Mauerwerk auf. An der Fassade sind Bibelmotive und Löwen zu erkennen. Zu Beginn befand sich im Ratschow-Haus das Bettengeschäft Ratschow. Später brannte es nieder und wurde wiederaufgebaut. Seit 1961 ist die Stadtbibliothek Rostock mit dem Bestand von 150.000 Medien untergebracht. Veranstaltungen und Ausstellungen runden das Programm ab. Mehr unter: www.stadtbibliothek-rostock.de

96 Neuer Markt Rostock

Der Neue Markt in Rostock ist geprägt von wunderbaren Giebelhäusern an der Westseite, dem Rathaus und der Marienkirche im Hintergrund. Hier lebte die Rostocker Oberschicht. Auf dem Neuen Markt fanden aber auch Hexenverbrennungen statt, ein Schandpfahl befand sich in der Mitte des Marktes. Heute steht auf dem Neuen Markt der Möwenbrunnen mit den antiken Meeresgöttern.

97 Rathaus mit Schlange

Das Rostocker Rathaus ist ein imposantes Artefakt am Neuen Markt. Mit seinen Torbögen, den Türmchen und dem rosafarbenen Putz sticht es selbst aus den umliegenden Giebelhäusern heraus. Trotz des Putzwerkes zählt der aus dem 13. Jahrhundert stammende Bau zur Backsteingotik und gilt als eines der bedeutendsten Bauwerke Rostocks. Wird es bei Nacht angestrahlt, kommt die Mächtigkeit des Gebäudes besonders zum Tragen. Am Rathaus befinden sich an der vierten nördlichen Arkadensäule die Plastiken von zwei Schlangen. Auch für die Schlangen gibt es unterschiedliche Interpretationsansätze und Legenden. Ob sie die Weisheit oder die Doppelzüngigkeit des Rostocker Rates darstellen oder durch ihre Häutungen die Unsterblichkeit verkörpern, bleibt dem Betrachter überlassen.

9. WARNEMÜNDE

Warnemünde ist ein Stadtteil Rostocks, aber so illustrativ, dass ich Warnemünde eine eigene Rubrik geben möchte, damit ich der Vielseitigkeit gerecht werde. Den Namen erhielt Warnemünde von dem Flüsschen Warnow, das genau hier in die Ostsee mündet. Warnemünde ist ein Seebad mit einer alten Traditionsgeschichte, die sich vornehmlich um die Seefahrt rankt.

Der Leuchtturm stammt aus dem Jahr 1897 und wird noch immer als Seezeichen genutzt. Es ist ein besonderes Erlebnis, an der Seepromenade oder durch die pittoreske Alexandrinenstraße (Achterreeg) mit den alten Kapitänshäusern oder Am Strom (Vörreeg) entlang zu flanieren oder den Museen, dem Kurhaus und dem legendären Teepott einen Besuch abzustatten. An Warnemündes Sandstrand, der im Sommer zu Badefreuden einlädt, sind im Winter ausgiebige Spaziergänge zu empfehlen. Allein ist man dort allerdings nie, denn Warnemünde lebt zu allen Jahreszeiten.

Bestechend ist auch der Ostseehafen. Er dient nicht nur als großer Güterumschlagplatz, sondern ist zugleich größter deutscher Kreuzfahrthafen. Von daher ist der Tourismus für die Hansestadt Rostock von immenser wirtschaftlicher Bedeutung.

Es ist imposant, wenn die Kreuzfahrtriesen den Hafen verlassen oder von ihren langen Reisen zurückkehren. So schwebt immer ein Hauch von Fernweh, gepaart mit gemütlichem und zugleich mondänem, maritimem Flair über diesem Seebad.

Allseits bekannt ist auch die Yachthafenresidenz Hohe Düne.

Mehr unter:
Tourist Information Rostock
Universitätsplatz 6
18055 Rostock
Telefon: 0381/381222

Touristinformation Warnemünde
Am Strom 59
18119 Rostock
Telefon: 0381/3812222
www.rostock.de

Anreise:
Mit dem Pkw: über die A 20 Abfahrt Rostock, dann weiter nach Warnemünde
Mit der Bahn: mit dem Zug zum Hbf. Rostock, von dort mit der S-Bahn nach Warnemünde
Mit dem Schiff: TT-Linie von Travemünde oder Trelleborg
Und weitere Verbindungen von Dänemark, Schweden und Finnland

GUT GEMEINT

Von der Vörreeg [98] schallte Musik herüber. Das Typhon eines Schiffes ertönte, als es zur Hafenrundfahrt [99] ablegte. Jetzt im Sommer war viel los in Warnemünde. Julius stand vor seinem Schrank und war unentschlossen, was er anziehen sollte. Die Jeans hing schlaff über seinem Po, er war dünn und schlaksig. Dennoch hatte Sina zugesagt, mit ihm essen zu gehen. Sein erstes Date. Sein allererstes Date. Noch nie war ihm so etwas passiert. Eine Frau, die sich für ihn interessierte. Und dann noch eine schöne junge Frau. Andere Männer in seinem Alter konnten ihre Freundinnen oder ihre Liebschaften schon gar nicht mehr zählen, er hingegen war glücklich, dass ein weibliches Wesen überhaupt mit ihm sprach. Und sich nun sogar mit ihm verabredet hatte.

Sina sah einfach toll aus. Etwas kleiner als Julius, rundliche Hüften und einen Schmollmund wie Angelina Jolie. Er hatte gar nichts tun müssen. Sie war ihm erschienen, als wäre eine gute Fee auf ihn zugeschwebt. Angesprochen hatte sie ihn gestern, als er mit dem Hund draußen gewesen war.

Julius war, wie jeden Tag, zum Leuchtturm [100] gegangen und hatte sich die Auslagen am Teepott [101] angesehen. Auch wenn er die schon in- und auswendig kannte. Aber es war seine Zeit, seine Freiheit und die schlug er gern mit solchen Nebensächlichkeiten tot. Dabei beobachtete er die Leute rings um sich herum. Es war eine nette Abwechslung in seinem täglichen Einerlei.

Die Menschenmassen waren wie immer an ihm vorbeigelaufen, ohne ihn wahrzunehmen. Bis auf Sina. Sie war stehen geblieben und hatte Jelly, den kleinen Foxterrier-Mischling, den er für die Nachbarin ausführte, gestreichelt. »Der ist aber süß«, sagte sie und lächelte Julius dermaßen lieb an, dass ihm fast die Luft wegblieb. Ihre Sternenaugen glänzten, als lodere darin ein Feuer.

»Hast du auch einen Hund?« Julius war froh, überhaupt antworten zu können. Sie hatte keinen, aber Sina liebte Tiere. Sie konnten sich nicht voneinander trennen und spazierten gemeinsam zur Westmole 102, später noch am Strand 103 entlang. Der Gesprächsstoff ging ihnen nicht aus. Sie hatten sich so viel zu sagen, es gab etliche andere Gesprächsthemen, die sie aneinanderfesselten. Sina liebte das Meer ebenso wie Julius, sie schaute auch gern Fußball. Sie waren eine Einheit, es kam Julius vor, als kannten sie sich schon ewig. Ihr erzählte er sogar von seiner Krankheit, was Sina allerdings ganz locker nahm. »Diabetes ist doch etwas, mit dem man super leben kann. Irgendwas hat schließlich jeder! Der eine hat Migräne, der nächste Hühneraugen und du leidest eben an Diabetes.«

Wenn andere sonst über Seelenverwandtschaft gesprochen hatten, war Julius immer nur ein müdes Lächeln über die Lippen geglitten. Doch nun sah er das ganz anders. Es gab sie, diese Menschen, die sich von Beginn an nahe waren. Nie hätte er gedacht, wie erotisch es sein konnte, wenn sich ihre Finger zufällig ganz sacht streiften. Diese Berührung hatte ihn durchfahren wie ein Blitz.

Es war das erste Mal, dass Julius sich so ungezwungen mit einer Frau unterhalten konnte. Immer wieder blieben sie stehen und starrten auf die See hinaus. Die Schiffe glitten stampfend an ihnen vorbei, die Sonne spiegelte sich in den Wellen.

Irgendwann hatte Julius sich ein Herz gefasst und Sina gefragt, was er noch nie ein Mädchen gefragt hatte: »Willst du morgen mit mir essen gehen?«

Ihr war ein kurzes, aber freundliches Lächeln übers Gesicht gehuscht. »Aber klar. Solange wir hier im alten Warnemünde bleiben und du mich nicht in die Residenz Hohe Düne 104 schleppst. Das ist bestimmt toll dort, aber erstens habe ich dafür nichts anzuziehen und zweitens mag ich lieber das wirkliche Flair hier im Ort.«

Julius hatte ihren Arm gedrückt. »Versprochen. Ich suche ein nettes Lokal aus und melde mich. Gibst du mir deine Handynummer?«

Woher er am Ende den Mut gefasst hatte, sie auch danach zu fragen, begriff Julius noch immer nicht.

Auf seinem Bett lag nunmehr fast der gesamte Inhalt seines Kleiderschranks. Er überlegte noch, wie er seiner Mutter beichten würde, dass er ein Mädchen kennengelernt hatte. Sie würde nicht begeistert sein, sie zog es vor, wenn Julius sich ausschließlich um sie kümmerte. Das Ausführen von Jelly war für sie bereits eine großzügige Lockerung ihrer unsichtbaren Fessel. Julius konnte seine Mutter nicht leiden sehen und das tat sie, wenn er sich nicht ihren Anweisungen fügte.

Das war schon zu Kindertagen so gewesen. Kein Freund durfte lange bei ihm bleiben. Denn seine Mutter hatte dafür gesorgt, dass er bald gehen musste. Bei einem waren ihr die Haare zu fettig, beim nächsten die Ausdrucksweise zu vulgär. Am Ende hatte Julius keinen mehr eingeladen, denn die Mitschüler lachten in der Schule bereits über ihn. »Mamasöhnchen! Der hat sie doch nicht mehr alle mit seiner Mutter.«

Noch hatte er aber etwas Zeit, darüber nachzusinnen, wie er ihr seine Verabredung mit Sina beibringen könnte. Noch war sie mit einer Freundin im Edvard-Munch-Haus 105 . Sie verbrachte viel Zeit damit, sich in die Gemälde des Künstlers zu vertiefen. Julius' Mutter war eine kulturell interessierte Frau. Oder zumindest spielte sie sich als solche auf. Ob alles stimmte, was sie behauptete, erschloss sich Julius nicht immer. Aber wenn sie in ihre Gemälde versank, hatte er ein paar Freiheiten mehr, sodass er ihre intellektuellen Anwandlungen begrüßte. So lange, bis sie sich wieder ganz auf ihn konzentrierte und ihn Minute für Minute lenkte und bewachte. Sie würde sein Treffen mit Sina nicht begrüßen, würde es ihm ausreden wollen. Außer dem toten Edvard Munch und ihn, Julius, hatte auch sie nicht viel, was ihren Tag ausfüllte. Ein bisschen Haushalt, das Kochen und der kleine Garten rings um das alte Kapitänshaus.

Also kümmerte sie sich weiterhin um Julius, als wäre er kein erwachsener Mann. Ihm fehlte die Kraft, sich zu wehren. Weil er, außer seiner Mutter, nichts Elementares mehr hatte. Freunde waren ihm nicht vergönnt, genauso wenig wie Freizeitaktivitäten. »Mit deiner Krankheit? Nein, Julius, das geht nicht. Du musst immer zu Hause bleiben. Nur hier weißt du sicher, dass dir jemand helfen kann.« Er hatte nicht einmal an Klassenfahrten teilnehmen dürfen. Denn dann hätte seine Mutter die Kontrolle über ihn verloren, und das hätte sie niemals zugelassen.

Es war schwer genug für sie, dass Julius einer geregelten Arbeit in der Bank nachging. Selbst dort rief sie alle zwei Stunden an und erkundigte sich nach seinem Befinden.

Tagsüber arbeitete er, die Abende und Wochenenden verbrachte Julius mit seiner Mutter beim Fernsehkrimi oder einer Liebesschnulze. Sie achtete stets darauf, dass der Tag gleichförmig und ohne Abweichungen verlief. »Weil das besser für deine Krankheit ist. Aufregung bringt deinen Blutzucker unnötig durcheinander.«

Und so glich ein Tag dem anderen. Die Spaziergänge mit Jelly waren die Lichtblicke in Julius' Leben. Seine winzigen Fluchten innerhalb der grauen Tristesse, in der er immer häufiger zu ersticken drohte. Doch jetzt gab es Sina. Vielleicht für länger, vielleicht für immer? Er war ein Träumer.

Nachdem seine Mutter schon seine Kindheitsfreunde ständig vergrault hatte, war Julius auch später die Lust vergangen, Kontakt zu anderen Menschen zu suchen. Er hatte sich einfach der Dominanz seiner Mutter gebeugt. Der Schmerz, wenn er sich wieder von ihnen abwenden musste, war jedes Mal so groß, dass er es irgendwann gelassen hatte, sich Freunde zu suchen. Von einer Freundin ganz zu schweigen. Seine Mutter fand das alles normal: »Damit musst du zufrieden sein, Julius. Auf dich muss ich zeit meines Lebens achtgeben. Du bist ein kranker Mann, welche Frau würde das wollen? Also hast du nur mich.«

Seinen Protest hatte Julius dann rasch eingestellt, ihm blieb ohnehin keine Wahl. Resignation bis zum bittern Ende.

Bis gestern. Bis ihm Sina begegnet war. Er hatte ihr lieber nichts von seiner überbesorgten Mutter erzählt. Ein Instinkt sagte ihm, dass er dieses Detail besser ausließ, zumal es peinlich war, zuzugeben, dass er noch bei seiner Mutter lebte. Nicht dass Sina gleich Reißaus nahm, weil sie ihn für ein Muttersöhnchen hielt. Sie glaubte, er lebe in dem Kapitänshaus allein.

Julius griff nach der schwarzen Jeans und dem blau karierten Hemd. Damit sah er gut aus. Sein Herz klopfte zum Zerspringen, er pfiff ein Lied. Es war eindeutig: Er hatte sich in dieser kurzen Zeit schon bis über beide Ohren verliebt.

Die Haustür klackte und kurze Zeit später stürzte seine Mutter ins Zimmer. Sie schaffte es innerhalb weniger Sekunden, ihn in die Wirklichkeit zurückzuholen. »Ach, ich bin völlig aufgelöst. Bei unseren Nachbarn ist eingebrochen worden. Am helllichten Tag, stell dir das mal vor! Den ganzen Schmuck haben sie mitgehen lassen. Den ganzen Schmuck!« Sie stutzte, als sie den Berg mit den Anziehsachen erblickte. »Was tust du da, Junge?« Sie begann augenblicklich, die Sachen zusammenzufalten und sorgfältig Kniff auf Kniff in den Schrank zurückzulegen. Als sie damit fertig war, musterte sie Julius, wie er mit der dunklen Hose und dem sorgfältig gebügelten Hemd hinter ihr stand. »Willst du etwa weg?«, fragte sie entgeistert. »Das geht gar nicht, Junge.« Sie nahm ihm die Sachen aus der Hand. »Nein, das geht nicht. Diese Einbrecher sind unterwegs, da kann ich unmöglich alleine bleiben. Und außerdem möchte ich dir heute ein bisschen was zu der Serie Munchs ›Das grüne Zimmer‹ erzählen. Mich haben da ganz fantastische Assoziationen heimgesucht.« Sie verdrehte verzückt die Augen.

»Ich muss aber gehen, Mutter«, sagte Julius. »Ich bin verabredet. Wenn du Licht anmachst, wird schon keiner kommen. Sie brechen ja nicht in Häuser ein, in denen sich jemand aufhält. Und –«, Julius machte eine Pause, »über deine Bilder können wir auch morgen noch sprechen. Die Gedanken laufen ja nicht weg.« Er trat ans Fenster, wunderte sich selbst über den Mut, seiner Mutter dermaßen entschieden entgegenzutreten. Er warf einen Blick auf die Alexandrinenstraße, die er im Stillen noch immer mit ihrem historischen Namen Achterreeg 106 nannte. Die Besucherströme verdünnten sich, bald würde es ruhiger werden in Warnemünde. Die paar Nachtschwärmer verliehen dem Ort eher Atmosphäre. Oft stand Julius am Fenster und sah ihnen zu, wie sie übers Pflaster hüpften und miteinander fröhlich waren. Heute wollte er hüpfen. Mit Sina.

Seine Mutter war tatsächlich einen Augenblick sprachlos. Aber sie fing sich schnell wieder. »Mit wem bist du denn verabredet?« Ihre Stimme brach, fast so, als habe ihr Sohn sie schwer getroffen. Vermutlich war es auch so. Diese Antworten musste sie als Affront empfinden.

»Mit einer Frau«, sagte er.

Seiner Mutter blieb förmlich die Luft weg. »Mit einer Frau? Weiß sie schon, dass ...« Sie sprach das Wort ›Diabetes‹ nie aus, so als sei es eine Sünde, krank zu sein.

Julius knickte sofort ein. »Ja, ja, sie weiß es. Und es stört sie keineswegs. Sie sagt, das sei ähnlich wie Migräne.«

»Woran man eindeutig erkennt, dass sie keine Ahnung davon hat, wie krank du tatsächlich bist. Ach, Julius, man muss dich noch immer vor dir selbst schützen. Du bist ein so unbedachtes Kind. Das war schon immer so.«

»Ich bin nicht unbedacht. Ich treffe mich mit einer Frau. Das, was junge Männer in meinem Alter eben tun.«

Pause. Stille.

Hinter der Stirn seiner Mutter arbeitete es angestrengt. Julius war klar, dass sie nach einer weiteren Argumentation suchte. Sina wusste von seiner Erkrankung, und dass es normal war, wenn sich Männer für Frauen interessierten, war auch schlecht wegzudiskutieren. Nach einer Weile schüttelte seine Mutter den Kopf. Sie suchte nach Gründen, ihn hierzubehalten und sie würde sie finden. Sie fand immer welche. »Ausgeschlossen. Du kannst mich nicht allein lassen. Nicht, wenn hier Verbrecher herumstrolchen«, stieß sie schließlich aus. »Sag die Verabredung ab! Das geht heute nicht. Womöglich erzählst du mir gleich noch, dass du am Kreuzfahrthafen 107 in See stichst und mich ganz lange allein lässt. Dir ist ja alles zuzutrauen. Du wirkst völlig liebestoll. Die Frau kann es unmöglich ernst mit dir meinen. Julius! Du hast Zucker! Du bist ein kranker Mann!«

Julius schluckte. Ihm kamen die Tränen, es fiel ihm bereits schwerer, sich gegen sie durchzusetzen. Er war kurz davor, einzubrechen, aber dieses Mal wollte er seiner Mutter diese Macht nicht geben. Es war ihm zu wichtig. Sina wartete. Selbst wenn er keine Erfahrungen mit Frauen hatte, so wusste er eines: Frauen ließ man nicht warten. Dann kamen sie nicht wieder. Außerdem war er ein viel zu höflicher Mensch dafür. »Es ist mir wichtig. Zum ersten Mal möchte sich eine Frau mit mir treffen. Ich mag sie sehr. Bitte, nur zwei Stunden! In der Zeit wird dich schon keiner überfallen.« Seine Stimme klang wie die eines Kleinkindes. Er hasste sich für die Schwäche. Dafür, dass er seine Mutter stets die Weichen stellen lassen und er nie dagegen aufbegehrt hatte.

Julius' Mutter schüttelte den Kopf. »Ich habe Nein gesagt. Du bleibst hier. Nachher trinkst du noch Bier, was du nicht berechnet hast, und alles gerät außer Kontrolle mit deinen Werten. Nein ist mein letztes Wort!«

Julius kniff die Augen fest zusammen. Er sammelte sich, sog die Luft ein und stieß aus: »Ich möchte mit einer Frau essen gehen. Und ich werde es tun, Mutter. Dieses Mal werde ich es tun.« Er hatte es geschafft und ihr selbstbewusst widersprochen. Nun fühlte Julius sich fast wie ein Held. Der Tonfall war ein bisschen zu scharf gewesen, doch er hatte keine Wahl, wenn er Sina wiedersehen wollte. Seine Mutter suchte wie immer nach Wegen, ihn im Haus zu halten. Doch heute würde es ihr nicht gelingen. »Ich muss ohnehin was essen. In zehn Minuten sitze ich im Restaurant. Auch wenn es dir nicht gefällt.«

»Für deine Mahlzeiten kann immer noch ich sorgen«, erwiderte seine Mutter, machte auf dem Absatz kehrt und verließ das Zimmer. Der Schlüssel drehte sich im Schloss.

»Mach auf, Mutter!« Julius trommelte gegen die Tür.

»Keine andere Frau! *Ich* sorge für dich.« Das Licht im Flur erlosch.

Julius ließ sich auf das Bett fallen. Er hatte nicht einmal ein Handy, um Sina abzusagen, weil er es schon in die Jacke gesteckt hatte und die hing im Flur. Es war zwecklos, weiterhin lautstark gegen die Tür zu trommeln. Er kannte seine Mutter. Sie saß jetzt – in den Sessel gelehnt – im Dunkeln und schmollte. Das tat sie immer, wenn er nicht befolgte, was sie sich in den Kopf gesetzt hatte.

Julius ließ das Rollo herunter, legte den Kopf in die Hände und schüttelte ihn unentwegt. Alles war verloren. Eine Frau ließ man nicht sitzen. Und eine Frau wie Sina schon gar nicht. Er hätte seine Mutter umbringen können, doch nicht einmal das ging, weil die Tür fest verschlossen war. Irgendwann würde sie ihm sein Essen bringen. Dann, wenn es für seine Verabredung zu spät war.

Die Stille nahm ihm fast die Luft zum Atmen. Nach einer Weile wurde ihm schwindelig. Er musste dringend was essen. Julius hatte einen Fehler begangen und sich das Insulin bereits gespritzt, denn eigentlich hätte vor ihm längst ein Teller mit gutem Essen gestanden. Ihm wurde flau. Verdammt, egal, wie beleidigt seine Mutter auch war, sie konnte ihn doch nicht vergessen haben?

Julius stand auf, zuckte aber zurück, weil aus dem Flur ein eigenartiges Geräusch zu ihm drang. Es klang nicht so, als wirtschafte seine Mutter in der Küche, es hörte sich eher an, als wäre eine Tür aufgebrochen worden. Kurz darauf schlich jemand über den Flur. Einbrecher, dachte Julius. Verdammt, hatte seine Mutter mit ihren Befürchtungen doch recht gehabt? Unwahrscheinlich. Bei ihm brannte Licht, selbst wenn sie in der Stube mal wieder im Dunkeln saß.

Aber dein Rollo ist heruntergelassen, schoss es ihm durch den Kopf. Den Lichtschein erkennt man von draußen nicht. Das Denken fiel Julius mittlerweile schwer. Seine Hände zitterten, Schweißperlen bahnten sich ihren Weg auf seine Stirn. Ich muss etwas essen, sonst kippe ich um, dachte er. Ich bin auf dem allerbesten Weg in einen Unterzucker. Er wagte aber nicht, auf sich aufmerksam zu machen. Was war, wenn doch Einbrecher in der Wohnung waren? Er hatte Angst, war ein gottverdammter Feigling. Seiner Mutter konnte er ohnehin nicht helfen, so eingesperrt und völlig hilflos. Ihm blieb nur abzuwarten, was geschah.

Jetzt hörte er einen dumpfen Aufprall, so als sei jemand gestürzt. Danach wurde ein schwerer Gegenstand über den Boden geschleift. Was taten sie mit seiner Mutter? Julius setzte sich zurück auf sein Bett und hielt sich die Ohren zu, bis ihn die bleierne Müdigkeit übermannte. Sina dachte er. Immer wieder Sina. Er kämpfte mit der aufkommenden Übelkeit, die seinen Unterzucker begleitete.

Wie durch einen Nebel bemerkte er nach einer ihm unendlich lange vorkommenden Zeit, dass die Tür vorsichtig geöffnet wurde. »Mama«, flüsterte er. »Endlich.«

»Da liegt einer, den hat die Alte hier eingeschlossen. Was für eine Scheißarbeit hat Sina hier abgeliefert? Sie wollte den Bankfritzen doch zum Essen einladen, damit wir unser Ding machen können. Hätte sie nicht eine Nachricht schicken können?«

»Echt Mist. Da denkt man, das Haus ist leer, stattdessen kauert diese Alte auf dem Sessel und der Typ lungert hier im Zimmer rum, anstelle unsere Maus anzuschmachten.«

Julius war wie in Watte gepackt. Sina. Was hatte Sina mit all dem zu tun? Was hatten die Kerle mit seiner Mutter gemacht?

Der Mann stieß ihn mit dem Fuß an. »Der sieht aus wie hinne.«

Der andere, ein schlaksiger Typ, trat hinzu. Beide trugen Sturmhauben. »Ne, der lebt noch. Ist der besoffen?«

»Keine Ahnung.«

»Vielleicht hat die Alte ihn vergiftet und wir sind mit unserem Einbruch dazwischengekommen, aber das glaubt uns nachher kein Mensch. Sie wird uns das in die Schuhe schieben und ist selbst fein raus. Der verreckt doch gerade.«

»Wir sind Diebe. Feine saubere Diebe, keine Gewalttäter. Deshalb können wir den Kerl nicht einfach so hier liegen lassen.«

Der Schlaksige zuckte zusammen, als Julius die Hand hob. Ein winziges Stück nur. Ganz leicht. »Hey, der will was sagen.«

»Diabetes …«, stieß Julius hervor. Mehr ging nicht. Er wollte den Männern sagen, wie dringend er etwas zu essen brauchte, weil er sogar etwas mehr gespritzt hatte, in Anbetracht der Erwartung eines üppigen Mahls.

»Der Junge braucht Insulin! Das ist so bei Leuten mit dieser Krankheit.«

»Nein«, flüsterte Julius. »Nicht Insulin.«

Doch die Männer hörten ihm nicht zu. Sie rissen fieberhaft die Schubladen auf, steckten dabei ein, was ihnen wertvoll erschien. Schließlich hielten sie den Insulin-Pen in der Hand. »Ich weiß, wie man das spritzt, so wie eine Thrombosespritze. Musste ich mir nach einer OP selbst mal verpassen. Ich geb ihm was, dann hauen wir ab und er kann sich erholen. Hab ich mal im Fernsehen gesehen. Die rammen denen einfach eine Spritze rein und alles ist gut.«

»Und wie viel?«

Der Schlaksige zuckte mit den Schultern. »Null Ahnung, aber viel hilft viel. Hauptsache, wir lassen ihn hier nicht krepieren. Dann haben wir zumindest noch eine gute Tat getan! Quasi als Bezahlung für das, was wir mitgehen lassen. Sind gar nicht so schlechte Kerle wir beide, was?« Er schlug seinem Kumpel auf die Schultern.

»Und du bist sicher, dass der das Zeug jetzt braucht?«

Der Schlaksige nickte. Die Kanüle versenkte sich in Julius' Oberschenkel. Noch immer schüttelte er den Kopf, versuchte, dem Mann etwas zu sagen, doch der ließ sich nicht beirren. »Mir scheint, der Typ will gar nicht gerettet werden. Na ja, bei der Mutter da nebenan. Ts, ts, ts.« Das Klacken des Pens hörte sich an wie kleine Schüsse. Julius gelang es, das Wort »Apfelsaft« zu formulieren, doch der Mann lachte nur.

»Ne, mien Jung. Zucker darf man mit deiner Krankheit nicht. Das weiß ich genau. Gleich wirkt dein Insulin und es geht dir wieder gut.«

Julius gab auf. Sein Schicksal war besiegelt. Die beiden Männer klopften sich zufrieden auf die Schulter und feierten sich als Lebensretter. Sie hatten es gut gemeint.

Einen Tag später

Dramatischer Tod nach Einbruch

Die Einbruchserie nimmt kein Ende und sie ufert immer stärker aus. So wurde gestern Abend gegen 19 Uhr zum vierten Mal in der Alexandrinenstraße eingebrochen, die Wohnungsinhaberin überwältigt und gefesselt. Die Einbrecher nahmen Schmuck und Bargeld mit. Im Nebenzimmer befand sich der Sohn der Frau in einem Unterzucker. Er hatte sich nach Angaben der Mutter das lebensnotwendige Insulin zur Vermeidung einer Überzuckerung bereits verabreicht, aber noch nichts gegessen und befand sich so in einer Hypoglykämie. »Er wäre so leicht zu retten gewesen«, sagt seine Mutter. »Eine hohe Dosis Traubenzucker mit etwas Apfelsaft hätte genügt. Seine Glukosewerte waren durch das bereits verabreichte Insulin drastisch abgefallen und er hätte ganz dringend essen oder trinken müssen.« Da ihm dies verwehrt blieb, verstarb er kurz darauf. Von der Diebesbande fehlt weiter jede Spur. Die Polizei bittet um Ihre Mithilfe. Halten Sie die Augen offen und melden verdächtige Personen der örtlichen Polizeidienststelle. Tel.: …

FREIZEITTIPPS

98 **Vörreeg (Am Strom)**
Vörreeg (Vorderreihe) liegt direkt am Alten Strom, der schon im Jahr 1423 dokumentiert wurde. Er war lange die einzige Schiffszufahrt zum Rostocker Hafen. Entlang des Alten Stroms zieht sich die Vörreeg. Kleine Boutiquen, urige Cafés, Kutter und Ausflugsschiffe laden zum Flanieren ein. Geht man die Vörreeg bis zum Ende durch, gelangt man an den Warnemünder Strand und zur Westmole.

99 **Hafenrundfahrt**
Die Hafenrundfahrt sollte man sich bei einem Besuch in Warnemünde keinesfalls entgehen lassen. Vor allem in der Hauptsaison gibt es ein vielfältiges Angebot, das eventuelle Wartezeiten verkürzt. Natürlich werden auf den Schiffen ein Imbiss oder Kaffee und Kuchen angeboten. Bei gutem Wetter gibt es die Möglichkeit draußen zu sitzen. Die Fahrt verläuft zunächst am Alten Strom entlang. Bunte Kutter und zahlreiche Ausflugsschiffe säumen die Kais. Von dort geht es am alten Lotsenhaus vorbei in Richtung Westmole und dann in den Neuen Strom. Schließlich erreicht das Ausflugsschiff den Passagierhafen, wo mit ein wenig Glück einer der Kreuzfahrtriesen am Kai liegt, bevor die Fahrt wieder im Alten Strom endet.

100 **Leuchtturm**
Der Leuchtturm in Warnemünde ist noch immer als Seezeichen in Betrieb. Er befindet sich auf dem gro-

ßen Platz neben dem Teepott mit seinen Restaurants und Souvenirgeschäften. Er wurde 1897 errichtet. Der Leuchtturm verfügt über zwei Aussichtsplattformen und bietet von dort aus einen fantastischen Blick zur Westmole oder auch in Richtung Rostock.

101 Teepott

Wer in Warnemünde flaniert, kommt immer auch am Teepott vorbei. Er gilt als eines der Wahrzeichen von Warnemünde. Der Teepott ist denkmalgeschützt und ist der Nachfolger des ehemaligen Teepavillons am Leuchtturm, wo der Teepott auch heute zu finden ist. Neben dem gastronomischen Angebot beherbergt der Teepott auch Souvenirläden und eine große Sammlung des Weltumseglers Reinhold Kasten.

102 Westmole

Zur Westmole gelangt man, wenn man Am Strom (Vörreeg) weitergeht. Linker Hand liegen Leuchtturm, Teepott und Strand. Die Westmole hat eine Länge von 541 Metern und dient vornehmlich als Wellenbrecher. An deren Spitze kann man sich den Ostseewind so richtig schön um die Nase wehen lassen.

103 Warnemünder Strand

Der Strand in Warnemünde teilt sich in den Textilstrand und FKK-Bereich. Letzterer beginnt ab dem Haus Undine. Der Warnemünder Strand zeichnet sich durch einen feinen Sand, eine Länge von fünf Kilometern und eine Breite von 80 Metern aus. Er ist wegen des flachen Wassers auch für kleine Kinder gut geeignet. Außerdem können Strandkörbe angemietet werden. Leider ist es dort, vor allem in der Hauptsaison, sehr voll und auch die Parkmöglichkeiten sind begrenzt. Eine P&R-Möglichkeit ist aber eingerichtet.

104 Hohe Düne

Der Yachthafen mit der Residenz Hohe Düne ist vielen ein Begriff. Diese Fünf-Sterne-Marina liegt gegenüber von Warnemünde auf der Ostseite des neuen Stroms. Zu erreichen ist sie von Osten über den Landweg, von Warnemünde aus mit der Fähre. Die Marina bietet Bars, Cafés, einen großzügigen Spa-Bereich und eine Hotelanlage der Luxusklasse mit eigener Shoppingarea. Eine beeindruckende Anlage.

105 Edvard-Munch-Haus Warnemünde

Es liegt am Strom in einem der alten Fischerhäuser Warnemündes. Der expressionistische Maler Edvard Munch lebte eineinhalb Jahre in Warnemünde (Mai 1907 bis Oktober 1908). Er suchte Ruhe und Entspannung, war aber in dieser Zeit dennoch überaus kreativ, wovon seine Arbeiten, Skizzen und Gemälde aus der Zeit zeugen. Zum Beispiel entstand hier das Werk »Badende Männer«.

Das Edvard-Munch-Haus nimmt Stipendiaten auf, lädt zu Künstlerbegegnungen ein und vieles mehr. Es soll erinnern und gleichzeitig Zukunft schaffen.

Mehr:
Edvard-Munch-Haus Warnemünde e. V.
Am Strom 53
18119 Warnemünde
oder unter:
www.edvard-munch-haus.de

106 Achterreeg (Alexandrinenstraße)

Die Straße Achterreeg (Hinterreihe) heißt heute Alexandrinenstraße und war zusammen mit Vörreeg zunächst die einzige Straße in Warnemünde. Achterreeg ist gepflastert und wird gesäumt von eng gebauten, aber wunderbaren kleinen Fischer- und Kapitänshäuschen, die das alte Warnemünde noch immer widerspiegeln. Romantische Veranden geben einen Hinweis auf das alte Seebad. Da die Häuser und Grundstücke für Gäste zu klein waren, bauten die damaligen Besitzer vorn an, um Platz zu schaffen.

107 Kreuzfahrthafen

Warnemünde ist das Ziel einiger großer Kreuzfahrtschiffe und einer der bedeutendsten Kreuzfahrthäfen der Ostseeküste, was auch dem Sitz des Cruise Centers in Warnemünde geschuldet ist. Das bekannteste Kreuzfahrtschiff, das man immer mal wieder im Hafen antrifft, ist sicher die AIDA, dessen Reederei ihren Sitz in Rostock hat. Den Kreuzfahrthafen Warnemünde steuern Schiffe von einer Länge bis zu 300 Metern an und die beiden Terminals verkraften einen Passagierwechsel von bis zu 2.500 Personen am Tag. An der Tagesordnung ist durchaus, dass mehrere Kreuzfahrtschiffe gleichzeitig am Kai von Warnemünde zu finden sind. Verlassen sie den Hafen, ertönt der bekannte Song: »Muss i denn, muss i denn zum Städtele hinaus ...«

10. DARSS/FISCHLAND

Prerow/Ahrenshoop

Prerow liegt auf dem Darß und grenzt westlich und nördlich an die Ostsee. Umgeben ist Prerow vom Nationalpark Vorpommersche Boddenlandschaft. Prerow ist ein altes Fischerdorf, das seinen Ursprung im 12. Jahrhundert hat. Nach dem Niedergang der Segelschifffahrt wandelte es sich zu einem Badeort. Zu DDR-Zeiten galt es als das Mallorca des Ostens. Faszinierend und unglaublich idyllisch gestaltet sich die Bauweise Prerows. Kleine Holzhäuschen mit Veranden, Erkern und bunten Fensterläden verbreiten nordische Gemütlichkeit. Der skandinavische Einschlag ist an etlichen Häusern nicht zu leugnen. Westlich von Prerow gelangt man in den Darßwald, den man unbedingt durchwandern oder durchfahren sollte, wenn man Ruhe und Erholung sucht. Kleine knorrige Bäume wechseln sich ab mit hohen Baumbeständen und moosigem Untergrund, dichtes Unterholz mit fast urwaldähnlichen Abschnitten.

Den östlich gelegenen Bodden lohnt es, mit dem Fahrrad bis Ahrenshoop zu erkunden. Die Tour geht durch Waldgebiete, malerische Fischerdörfer und direkt am Schilfgürtel des Boddens entlang.

Wer allerdings den Trubel liebt, ist am Hauptstrand mit der Promenade und Seebrücke gut aufgehoben. Hier ist bis spät am Abend richtig was los. Man kann den Klängen der Akkordeonspieler lauschen oder in eines der Restaurants einkehren.

Ahrenshoop liegt an der Grenze zur Halbinsel Darß und blickt auf eine weitreichende Geschichte zurück. Es wurde 1311 zum ersten Mal erwähnt. Der Ort wartet mit einem Strand auf, der sowohl über eine Steilküste als auch einen weitläufigen Teil verfügt.

Bekannt geworden ist Ahrenshoop aber als Künstlerdorf, weil dort verschiedene Maler im 19. Jahrhundert eine Künstlerkolonie mit Malschule gründeten. So zieren etliche Straßen Namen von Künstlern, die ihre Spuren in Ahrenshoop hinterlassen haben. Galerien und Kunstwerkstätten reihen sich dicht an dicht neben zahlreichen Restaurants, Cafés, aber auch Fast-Food-Buden für den schnellen Hunger. Sehenswert sind alle Kunsthäuser, die Schifferkirche, die Käthe-Miethe-Bibliothek und vieles mehr. Ein überaus pulsierender Ort.

Mehr zu Prerow und Ahrenshoop:
  Kur- und Tourismusbetrieb
  Ostseebad Prerow auf dem Darß
  Gemeindeplatz 1
  18375 Ostseebad Prerow
  Telefon: 038233/6100
  www.ostseebad-prerow.de

  Kurverwaltung Ahrenshoop
  Kirchnersgang 2
  18347 Ostseebad Ahrenshoop
  Telefon: 038220/666610
  www.ostseebad-ahrenshoop.de

Anreise:
  Mit dem Pkw: von Berlin kommend A 19
  Von Hamburg kommend A 20
  Abfahrt Rostock Ost über die B 105 Richtung Fisch-

land/Darß, in Altheide der Beschilderung nach Ahrenshoop/Prerow folgen

Mit der Bahn: von Hamburg kommend bis Ribnitz-Damgarten, dann mit der Buslinie 210 Richtung Darß
Von Berlin kommend bis Hbf. Rostock, dann nach Ribnitz-Damgarten und weiter mit der Buslinie 210

EIN JOINT VON OMA

Oma Mine war fertig mit der Bepflanzung des Grabes, das auf dem Friedhof an der Seemannskirche 108 lag. Noch etwas Sägespäne über den Humus, damit die Schnecken den jungen Pflanzen nicht gleich den Garaus machten. In letzter Zeit hatte sie öfters den Eindruck, dass ihre Gewächse sich über Nacht reduzierten. Das konnte zwar an den Schnecken liegen, die sich im Spätsommer zahlreich aus jeder Ritze schoben und alles Grün zerfraßen, aber sie hatte so manches Mal das unbestimmte Gefühl, jemand beklaue sie.

Lange konnte sie ihre Pflanzen ohnehin nicht mehr draußen anbauen, das Wetter würde ihr schon bald einen Strich durch die Rechnung machen. Wenn es zu kühl war, wuchsen ihre Sprösslinge nicht mehr so, wie es nottat.

Oma Mine sah sich suchend um. Ihre Angewohnheit, sich ständig abzusichern, kam ihr schon selbst krankhaft vor. Aber sie fühlte sich besser, wenn sie es tat. Beruhigt strich sie ein letztes Mal über das Grün. Sie war allein, keiner bemerkte, was sie hier wirklich machte. Und das war gut so, denn auf diese Weise war es ihr ein Leichtes, die schmale Rente aufzubessern. Sie hatte viele andere Möglichkeiten ausprobiert, nur hatte nichts gefruchtet.

Ihre neue Geschäftsidee war der Durchbruch gewesen. Zugegebenermaßen war ihre Methode ein wenig unkonventionell. Und illegal. Würde sie sich jedoch auf eine gesetzeskonforme Art und Weise auf dem Parkett des Lebens bewegen, müsste sie verhungern. Für Oma Mine war Altersarmut nicht nur ein Thema, das sie der Tagespresse entnahm. Für sie war es bittere Realität gewesen. Bis zu jenem Augenblick, wo sie ihr neues Geschäftsmodell entwickelt hatte. Damit waren etliche schlaflose Nächte einhergegangen, denn einer so tadellosen Person wie Oma Mine fiel es natürlich nicht leicht, sich auf gesellschaftliche Abwege zu begeben.

Seit ihr Mann vor zwei Jahren gestorben war, konnte sie nur auf die Witwenrente zurückgreifen, und die war so knapp bemessen, dass sie gerade ihre Miete davon bezahlen konnte. Nun war sie schon allein und sollte dann auch noch ihr Zuhause verlassen, in dem sie seit 50 Jahren lebte, wo sie die Nachbarn kannte und sich wohlfühlte. Nie und nimmer. Dann war es eben illegal, was sie tat. Hauptsache, ihr Leben war von nun an sorgenfreier.

Gleich hatte Oma Mine einen Termin am Weststrand 109. Sie traf sich mit den Kunden immer an verschiedenen Orten. Zum einen, weil ihre Geschäfte so weniger auffielen, und zum anderen, weil sie auf diese Weise fit blieb. Mit 75 Jahren galt es, sich regelmäßig zu bewegen und nicht einzurosten. Sie wollte schließlich noch etwas vom Leben haben, auch wenn sie Witwe war.

Oma Mine sah auf die Uhr. Es wurde Zeit, aufzubrechen. An der Vogels Warte 110, wo sie auch ein paar Pflänzchen hatte, traf sie Pepe, ihren Mitstreiter. Er war erst 19 Jahre alt, aber sehr gewieft, was die Steigerung der Umsätze anging.

»Hast du alles fertig?«, fragte er. »Päckchen gepackt?«

Oma Mine nickte. »Ich werde die Ware gleich ausliefern. Und am Nachmittag mache ich mich noch einmal auf den Weg.«

»Ich komme grad von der Hohen Düne 111. Das Geschäft ist super gelaufen.« Pepe reichte Oma Mine ihren Anteil. Dann schüttelte er seine langen Rastas. »Ich kann dir morgen die Tour nach Ahrenshoop abnehmen. Ich radle über Wieck dorthin. Ist eine tolle Fahrradroute 112 . Und wenn ich dabei Angenehmes mit dem Nützlichen verbinden kann ... Was gibt es Besseres?«

»Hauptsache, du lässt selbst die Finger von dem Zeug, mien Jung«, sagte Oma Mine. »Das ist nichts für dich!« Bei dem jungen Mann hatte sie immer ein schlechtes Gewissen und sie hoffte, dass er die Ware tatsächlich nur überbrachte und nicht selbst davon konsumierte. Wobei das wohl ein allzu frommer Gedanke war, immerhin hatte sie das Kraut auch längst geraucht. Aber das war etwas anderes, sie war die Chefin und musste schließlich wissen, was sie da vertickte und wie es wirkte. Ihre Geschäftsphilosophie aber lautete: keine Drogen an die Jugend.

»Mach dir mal keinen Kopp, Oma. Nur an die Alten, Reichen und Schönen, das ist unsere Verkaufsdevise«, lächelte Pepe. »Hab das schon verstanden.«

»Dann ist ja gut!« Über Oma Mines Gesicht glitt ein Lächeln. Ihre ausgewählten Kunden wussten zumindest, was sie taten.

Oma Mine hatte eine geniale Möglichkeit gefunden, die Drogen anzubauen. Sie hatte natürlich zuerst gründlich recherchiert. Nur die weiblichen Blüten taugten was, also musste man trennen. Sie hatte den optimalen Dünger herausgefunden, die Samen zu Hause in der Küche keimen lassen, die Keimlinge in Blumentöpfen vorgezogen.

Die abschließende Trocknung war eine Kunst für sich. Aber Oma Mine hatte alles im Griff. Sie hatte sich sogar für eine Sorte entschieden: Cannabis indica – das Kraut gelang ihr am besten, zumal hier keine Wechsel in den Beleuchtungszeiten notwendig und sowohl eine Indoor- als auch eine Outdoorzucht möglich waren.

Um nicht aufzufallen, pflanzte sie die Setzlinge einfach in öffentlichen Blumenkübeln zwischen den Zierpflanzen. Oder eben in stillgelegten Gärten wie an der Vogels Warte. Dort kam ohnehin niemand hin und ihr somit nicht auf die Schliche. Eine Cannabisplantage im eigenen Gewächshaus wäre viel zu gefährlich, falls sie doch irgendwann in Verdacht geriet. Sie wollte Geld verdienen, aber auf ihre alten Tage nicht im Knast landen. Oma Mine war mit der Lösung sehr zufrieden und im Winter, wenn sie die Pflanzen nicht draußen anbauen konnte, ruhte ihr Geschäft eben und sie machte Urlaub. Schließlich war sie betagt und brauchte auch einmal eine Pause.

Der Anbau der Cannabispflanzen vor den Augen aller war keineswegs Oma Mines eigene Erfindung. Sie hatte davon in der Presse gelesen und es hier umgesetzt. Keiner hatte bislang ihre Setzlinge zwischen den bunten Blumen bemerkt. Sie ernteten sie stets in der Dunkelheit ab und stellten qualitativ hochwertige Ware her. Das Ernten war eine sehr akribische Angelegenheit. Oma Mine bestand darauf, die großen Blätter der Pflanzen abzurupfen und sie samt Stängel zu entfernen. So blieben nur die »Buds« übrig. Schwierig war es zunächst gewesen, einen geeigneten Raum zu finden, der alle Bedingungen zur Trocknung erfüllte. Dunkel musste er sein, durchschnittlich warm und vor allem nicht zu feucht. Ihr Schuppen im Garten war optimal. Pepe kannte den Ort nicht, wo sie trocknete. Irgendetwas hatte sie stets davon abgehalten, ihm dieses Geheimnis zu verraten. Bevor sie die »Buds« zum Verkauf herrichtete, kontrollierte sie den Trocknungsvorgang am Stiel. Erst wenn sie mit allem zufrieden war, übergab sie dem jungen Mann die Ware.

»Omas Joints« war eine hervorragende Marke in den einschlägigen Kreisen geworden. Von daher hatte sie vor allem in den Altenwohnanlagen der Umgebung begeisterte Abnehmer gefunden. Hier lebte ein großer Teil der Alt-68er und sie fühlten sich durch ihr Kraut in die Hippiezeit zurückversetzt. Der Markt in dieser Altersklasse boomte, zumal ihnen die in der heutigen Jugend bekannten Designerdrogen nicht geläufig waren. Die Alten setzten immer noch auf den herkömmlichen Rausch. Und ob sie sich nun mit Whisky oder Weinbrand zudröhnten oder zu bestimmten Anlässen ihr Pfeifchen rauchten, konnte Oma Mine egal sein. Die waren alt genug und hatten den Großteil ihres Lebens hinter sich. Was sollte ihnen schon passieren, außer dass sie ein paar nette Stunden im Entzückungszustand erlebten?

Und sie, Mine, war dadurch in der Lage, sich die langersehnte Reise nach Gran Canaria zu leisten. Maspalomas war ihr Ziel. In einer der wunderbaren Hotelanlagen mit großen Pools, weitem Strand und Sonnenschein. Gerade im Herbst vermisste Oma Mine den an der Ostseeküste manchmal. Der November war hier viel zu nasskalt. Dieses Jahr betraf Oma Mine das nicht. Dieses Jahr würde sie zum ersten Mal in ihrem Leben in die Sonne fliegen. Und das, dank des kleinen Cannabishandels für die 68er-Generation. Nein, sie musste kein schlechtes Gewissen haben. Ganz und gar nicht.

Heute Abend, wenn das Geschäft abgeschlossen war, wollte sie als Zwischenbelohnung im Hotel Haus Kranich 113 feudal speisen. Sie liebte das kleine, familiär geführte Hotel mit dem gemütlichen Restaurant und so gönnte sie sich einen Abend in der Woche ein wunderbares Fischessen. Dazu zog Oma Mine sich um, machte sich so richtig chic. Enger Rock, Pumps, feine Bluse. Das Inhaber-Paar kannte sie und wies ihr stets einen Platz am Fenster zu. Oma Mine hatte selten so nette Leute wie die beiden kennengelernt. Nur gut, dass die nichts von ihrer kriminellen Ader wussten.

»Soll ich die Ware nun morgen nach Ahrenshoop bringen oder nicht?«, riss Pepe sie aus ihren Überlegungen.

»Ja, natürlich. Entschuldige, ich war ganz in Gedanken. Ich fahre privat erst nächste Woche wieder dorthin. Da gibt es im Kunstmuseum 114 eine neue Ausstellung, die ich mir dringend ansehen will. Dann muss ich morgen nicht extra los. Super Idee.«

Pepe grinste und verabschiedete sich rasch. Er kannte Oma Mines Faible für Kunst. Mine war, seitdem sie das Geschäft aufgebaut hatte, regelrecht aufgeblüht. Pepe wohnte seit Jahren neben ihr und kannte sie als zurückhaltende alte Dame, die ihren Garten bestellte, damit sie über die Runden kam. Kartoffeln, Salat, Möhren. Im Gewächshaus Gurken, Paprika und Tomaten. Mine grinste. Sie bestellte ihren Acker noch immer, allerdings mit ein paar anderen Dingen als zuvor. Aber da sie die weiteren öffentlichen Anbauflächen mitnutzte, hielten sich die Anpflanzungen in ihren Beeten in Grenzen und ihr Gemüsegarten brachte weiterhin Ertrag ein. Nur einem fachkundigen Besucher würden die Gewächse auffallen. Und wer war in einem Touristennest schon auf solch kriminelle Energien eingestellt? Und vermutete diese bei einer 75-Jährigen? Die Sache war bombensicher. So lange keiner der Alten, Reichen und Schönen erwischt wurde und quatschte.

Oma Mine holte ihr Fahrrad und machte sich auf den Weg durch den Darßer Urwald 115 in Richtung Weststrand. Sie liebte dieses Waldstück, auch wenn es hier zwischenzeitlich ziemlich einsam war. Es gab Tage, da hörte man an einigen Stellen nicht einmal einen Vogel singen. Aber diese totale Stille schätzte Oma Mine sehr. Manchmal hielt sie einfach an, setzte sich auf einen Baumstumpf und genoss die Natur. Im Herbst roch es moosig, ein bisschen nach Pilzen, im Frühling und Sommer krochen ihr die Gerüche der verschiedenen Kräuter und Büsche in die Nase.

Auch jetzt stoppte Oma Mine und ließ sich auf einer Baumwurzel nieder. Um diese Zeit verirrten sich nur wenige Touristen hierher. Die meisten fuhren auf den ausgewiesenen Wegen in Richtung Natureum und Leuchtturm 116 . Dort tummelte sich das Volk, Kutschen und die kleine Bahn machten Halt. Es gab einen riesengroßen Fahrradparkplatz. Oma Mine aber hielt sich stets links. Abseits der großen Wege. Das hatte zwar den Nachteil, dass sie ihr Rad zwischenzeitlich schieben musste, aber so hatte sie ihre Ruhe. Denn trotz der verbesserten finanziellen Situation plagte sie zwischendurch das schlechte Gewissen und das bekam sie am besten mit sich allein in der Natur in den Griff. Sie verkaufte Drogen. Gut, weiche Drogen. Cannabis. Das war in den Niederlanden sogar legal, so wie in Deutschland der Alkohol in Strömen floss. Hier war es dennoch verboten. Sie hatte in ihrem ganzen Leben noch nie etwas Illegales getan und nun das! Ihr Herman würde sich im Grab umdrehen, wenn er das wüsste. Er hatte zwar sein Pfeifchen auf dem Balkon geraucht, aber da war nur normaler Tabak drin gewesen.

»Ach, Herman«, sagte sie. »Ich habe ja gar keine Wahl. Wie soll ich mit dem wenigen Geld auskommen? Ich will hier nicht weg und nun kann ich sogar reisen. Stell dir vor! Wir durften damals nicht, später konnten wir es uns nicht leisten und schließlich bist du einfach gestorben. Ich möchte aber was gesehen haben von der Welt, bevor ich sterbe. So schön es hier bei uns auch ist.« Oma Mine umschloss das Paket, das sie gleich am Weststrand abgeben würde. Die alten Leute hätten damit einen entspannten Hippie-Revival-Abend. Ihr schlechtes Gewissen war unnötig. Die Leute, denen sie die Drogen verkaufte, wussten ja, auf was sie sich einließen. Sie waren alt genug.

Oma Mine stand auf und setzte sich erneut aufs Rad. Es wurde Zeit, sie durfte ihren Mittelsmann nicht warten lassen, sonst war der weg und ihr Geld futsch.

Sie fuhr eine Weile, dann erreichte sie den Weststrand. Oma Mine war oft hier, aber die Ursprünglichkeit dieses Abschnittes raubte ihr jedes Mal wieder den Atem. Knorrige Äste lagen wie dahingestreut im Sand, die wenigen Bäume hatten die Wuchsrichtung der des Windes angepasst und beugten sich mit den Kronen ins Landesinnere.

Als Oma Mine ihrem Mittelsmann das Päckchen übergab, tauchte am Waldsaum plötzlich ein Polizist auf. Mit seinem Fernglas fixierte er Oma Mine und Janus, ihren Dealer. Das war auch so ein armer Willi, der sich die Rente ein bisschen aufbesserte. Er nahm Oma Mine rasch in den Arm, tat so, als hätten sie ein heimliches Rendezvous und verschwand zwischen den knorrigen Bäumen.

Oma Mine zitterten die Knie. Wenn das eben ein Polizist gewesen war, konnte das nur eins bedeuten: Sie war aufgeflogen und bewegte sich im Augenblick auf verdammt dünnem Eis. Wenn sie so weitermachte, war es nur eine

Frage der Zeit, ehe man sie schnappen und wegsperren würde. Realistisch betrachtet steckte sie ganz tief in der kriminellen Szene und war nicht besser als die Verbrecher, die mit schwarzem Balken vor den Augen in ihrer Frauenzeitschrift abgebildet wurden. Jetzt wurde ihr bewusst, wie tief unten sie angelangt war. Sie sollte aussteigen, bevor Schlimmeres geschah. Das Geld für Gran Canaria hatte sie ja bereits auf der hohen Kante.

Je näher sie Prerow kam, desto mehr Fragen türmten sich in Oma Mine auf. Hatte die Polizei sie tatsächlich im Visier? War im Altenheim Stoff gefunden worden? Außer Pepe und Janus wusste keiner von ihrem Geschäft. »Und deine Kunden wissen es«, sagte sie zu sich. »Denen ist ›Omas Joint‹ ein Begriff.« Ob sich dort einer verplappert hatte?

Aber nur Pepe und Janus war bekannt, dass sie heute ausliefern würde. Janus schmuggelte ›Omas Joint‹ anschließend zu den Alten, Reichen und Schönen. Oma Mine wurde noch immer heiß und kalt. »Ich muss mit Herman reden. Vielleicht weiß der Rat.«

Da sie sich nicht in den Wald zurücktraute, wo sie sonst Zwiesprache mit ihrem toten Gemahl hielt, beschloss Oma Mine, ausnahmsweise zum Friedhof zu fahren. Hermans Grab lag dort neben der Seemannskirche, etwas seitlich des dunklen Holzglockenturms. Sie radelte um die Kirche herum, denn vorne waren ihr zu viele Touristen. Den hinteren Eingang am Blumenladen kannten nur wenige. Dort konnte sie das Rad ebenso abstellen. Ein Mann zupfte Unkraut im Garten des schwarzen Holzhauses mit den blau gestrichenen Rahmen. Er schaute aber kaum hoch, als Mine ihr Fahrrad anschloss. Die dichte Bepflanzung des Friedhofes schenkte ihr die Ruhe, die sie jetzt dringend brauchte. Hochgewachsene Thujen und Eiben wechselten sich mit Rhododendren und Laubbäumen ab. Oma Mine huschte zu Hermans Grab und sammelte einen heruntergefallenen Ast auf. »Nun stecke ich drin in der Scheiße, Herman«, begann sie und entschuldigte sich sofort für den fäkalen Ausdruck, den ihr Herman genauso verabscheut hätte, wie ihre kriminellen Machenschaften. »Man muss immer noch morgens in den Spiegel schauen können«, dröhnte die Stimme ihres Gatten in ihrem Ohr. Ja, er war ein Moralapostel gewesen, ihr Ehemann. Aber er brauchte auch nie zu darben. Solange er lebte, war es ihnen beiden gut gegangen. Sie hatten einfach gelebt, aber hatten ihr Auskommen gehabt. Erst danach hatte das Elend begonnen.

»Und was mache ich jetzt?«, fragte Oma Mine ihn und strich sacht über die Cannabispflänzchen, die auch sein Grab schmückten. Sie hatten bald die richtige Erntereife. Ja, Oma Mines Ware hatte erstklassige Qualität. »Sie sind mir auf den Fersen, mein Guter.«

»Aufhören«, antwortete Hermans Stimme mit Bestimmtheit. »So kommst du sicher nicht in den Himmel.«

Oma Mine aber war gar nicht sicher, ob ihr Herman wirklich dort angekommen war. Er war zwar ein großer Moralist gewesen, nur konnte es doch durchaus sein, dass ihm die Himmelspforte verschlossen geblieben war, denn er hatte vielen Menschen seine Unterstützung verweigert. Aus moralischen Gründen. Das war bestimmt falsch! Aber Hermans schlagendes Argument war gewesen, dass schließlich jeder sein Schicksal selbst in der Hand habe. Deshalb hatte er beispielsweise nie etwas gespendet. »Ich kaufe mich nicht frei. Sind wir im Mittelalter und haben noch den Ablasshandel?«

Oma Mine hatte den Armen heimlich etwas zugesteckt. Wenn Herman das nicht gesehen hatte. Ob der Herrgott ihm seine Sturheit verzieh? Oma Mine war sich nicht sicher. Drogenhandel fiel bestimmt unter die größeren Vergehen. Was aber war, wenn sie jetzt mit ihrer Dealerei aufhörte, Herman doch in der Hölle weilte und dort auf sie wartete, während sie versehentlich in den Himmel katapultiert wurde? Dann würde sie ihren Herman nie wiedersehen. Oder war es möglich, bei guter Führung im Jenseits die Fronten noch einmal zu wechseln? Aber der Spaß da drüben hieß ja Ewigkeit. Auf der anderen Seite lautete doch ein Motto: Nichts ist für die Ewigkeit. Vielleicht kam das auch im Jenseits zum Tragen? Ach, so kam sie nicht weiter. »Herman, du hilfst mir überhaupt nicht«, flüsterte Oma Mine. »Weil ich schon vorher wusste, was du sagst.« Sie zupfte eine Cannabisblüte ab und zerrieb das Grün. Anschließend roch sie an ihren Fingern. Ja, die Pflanzen hatten eine super Qualität.

»Ich muss jetzt zu Pepe. Ihn warnen. Nicht dass er morgen auf dem Weg nach Ahrenshoop überführt wird.« Oma Mine zückte das Handy und schrieb Pepe eine SMS. Er hatte ihr oft versucht, deutlich zu machen, dass sie sich WhatsApp installieren sollte, doch von diesem neumodischen Kram wollte sie nichts wissen.

»Bin am Nordstrand chillen mit Kumpels«, schrieb er zurück. »Was gibt's?«

»Muss dich treffen. Sofort!«

»Jetzt nicht.«

Oma Mine gab es auf. Sie musste es morgen noch einmal versuchen.

Sie fuhr in ihre Wohnung, nahm einen Zettel und fasste alle Fakten zusammen:

a) Sie wurde von der Polizei verfolgt.

b) Die Schnecken vernichteten ihre Bestände, wenn sie nicht achtgab (Nur wie gab man nachts darauf acht, dass die Nacktschnecken den Weg zu den Cannabispflanzen NICHT fanden, wenn man wie sie als alte Frau ausreichend Schlaf brauchte?).

c) Janus hätte sich nie in Gefahr begeben, er konnte sie nicht an die Polizei verraten haben.

d) Blieben nur Pepe oder …

e) … bei ihren Kunden waren Drogen gefunden worden.

Oma Mine fiel es schwer, an Pepe als Schuldigen zu glauben. Sie vertraute ihm. Auf der anderen Seite hatte sie schon oft mit ihm diskutieren müssen, weil er das Geschäft gern ausweiten wollte. »Wir müssen größer werden. Mein Gott, ist schließlich nix dabei, wenn auch ein paar junge Typen Gras rauchen!«

Doch Oma Mine hatte das nie gewollt. »Omas Joint« war für Omas und Opas. Punkt.

Sie packte das Schreibzeug beiseite, denn ihr blieb keine Wahl: Die Plantagen mussten vernichtet werden, jetzt und gleich. Sicher war sicher. Als Erstes vollbrachte sie das Werk in ihrem eigenen Garten. Danach war es spät geworden und sie wagte sich nicht mehr raus. Oma Mine musste nachdenken. Morgen war auch noch ein Tag.

Pepe holte die Ware morgens wie versprochen pünktlich ab. Er wirkte wie immer, während Oma Mine fahrig war. Sie hatte in der Nacht kaum ein Auge zugetan und auf ihr leckeres Essen im Hotel Haus Kranich hatte sie ebenfalls verzichtet. Ihr widerstrebte, was sie tat, und sie hatte sich dazu durchgerungen, das Geschäft zu schließen. Dieser Deal heute war ihr letzter. Pepe wollte sie nach seiner

Rückkehr darüber in Kenntnis setzen. Ihre Warnung vor der Polizei hatte er mit einer Handbewegung fortgewischt. »Ich passe schon auf.«

In ihrer schlaflosen Nacht hatte Oma Mine hin und her gerechnet. Mit dem verdienten Geld würde sie eine Weile über die Runden kommen, auch wenn sie ihren geplanten Urlaub antrat. Sie wollte darauf einfach nicht verzichten. Die Plantagen wollte sie noch am Abend allesamt vernichten. Dann konnte ihr keiner mehr was und sie lief nicht Gefahr, dass die Falschen ihr Kraut rauchten, weil Pepe sich nicht an die Abmachungen hielt. Es war eigenartig, aber seitdem sie glaubte, am Strand fast erwischt worden zu sein, misstraute sie Pepe. Vielleicht waren es doch nicht die Schnecken, die ihre Bestände minimierten. So überlegte sie den ganzen Tag hin und her, bis sie am Nachmittag beschloss, zu ihren Plantagen zu fahren.

Als Erstes nahm Oma Mine den Bus nach Ahrenshoop. Es dämmerte, als sie ausstieg und in Richtung Schifferkirche [118] lief. Dort in der Nähe hatte sie eine Miniplantage. Als diese beseitigt war, durchquerte sie den Ort, lief die Allee zum Hohen Ufer [119] hinauf und spazierte anschließend ein Stück rechts hinunter in die Siedlung. Hier lag ein leer stehender Garten mit noch mehr Pflanzen. Sie waren rasch vernichtet.

Kurze Zeit später fuhr Oma Mine mit dem Bus nach Prerow zurück. Nun galt es, auch hier alle Spuren zu verwischen. »Komm, auf geht's! Morgen sagst du Pepe, wie es ist. Dann steht er vor vollendeten Tatsachen.« Nach weiteren Überlegungen befand Mine, dass dies ohnehin der bessere Weg war, weil ihr Teilhaber sie mit Sicherheit von ihrem Vorhaben abbringen wollte. Er mit seinen Expansionsgedanken.

Oma Mine lief als Erstes zur Vogels Warte. Als sie dort ankam, empfand sie das »Geisterhaus« noch bedrohlicher als sonst. Düster hob sich seine Silhouette gegen den dunklen Abendhimmel ab. Es wurde wirklich Zeit, dass man eine Lösung für die Ruine fand. Aber was scherte sie das, sie musste jetzt handeln. Hinter dem Haus hatte sie eine wundervolle Plantage angelegt. Als Oma Mine sich durch das Loch im Zaun quetschte und zur Bogentreppe schlich, hörte sie Stimmen. Verdammt, wer trieb sich hier herum?

Oma Mine stahl sich dennoch weiter. Ab einem gewissen Alter wurde man unerschrockener, denn das, was man zu verlieren hatte, schrumpfte von Tag zu Tag zusammen. Beinahe hätte sie die blaue Pfanne (wer immer sie dort platziert hatte) heruntergestoßen. Die Stimmen kamen vom Schuppen, der sich auf der Rückseite der Vogels Warte befand. Und darin hatte sie ein paar ihrer Setzlinge gepflanzt.

Da Oma Mine mitnichten an Geister glaubte, wenngleich sich dieses Haus förmlich anbot, genau das zu tun, ahnte sie, wer ihre Cannabisvernichter waren. Von wegen glitschige Nacktschnecken!

»Mann, was hat die Alte für einen hervorragenden Stoff angebaut. Da merkt man die jahrelange Gärtnerhand. Das ist ein Vermögen, was die Tante hier züchtet. Damit muss man expandieren, die dicke Kohle machen«, hörte Oma Mine eine ihr unbekannte Stimme. Dann stockte ihr der Atem. Die andere kannte sie sehr gut. Sie gehörte zu Pepe. Er steckte also dahinter. Ihr Geschäftspartner war dabei, sie grandios zu bescheißen. Schon wieder so ein Fäkalwort. Herman würde sich im Grab umdrehen. Aber Pepe war nun mal ein Schuft.

Oma Mine lauschte in die Dunkelheit. Sie musste wissen, was ihr Mitstreiter und seine Kumpels vorhatten.
»Reiß nicht alle Pflanzen raus. Wir fahren noch zu den anderen Kübeln. Ich weiß ja, wo die sind. Wenn wir zu viele nehmen, merkt sie das. Mine ist zwar alt, aber eben nicht senil oder dement.«

»Die Menge wird sie schon nicht bemerken. Wichtig ist, dass du sie dumm und warm hältst, Pepe. So sauber kriegen wir das nicht angebaut. Vor allem sparen wir uns viel Arbeit!«

Na warte, dachte Oma Mine. Die Suppe versalze ich euch!

»Wir fahren jetzt zum Friedhof. Die hat ja selbst ihrem toten Alten die Cannabispflanzen auf den Kopf gebaut.«

Pepe kicherte.

Oma Mine zog sich zurück. Kaum war sie außer Reichweite, zog sie das Handy aus der Tasche und rief die Polizei.

»Da sind so Jungs«, erklärte sie. »Die haben überall diese Drogenpflanzen angebaut. Wirklich *überall*. Ich habe sie verfolgt und kann Ihnen genau sagen, wo sich die Plantagen befinden. Und nun ernten sie die ab. Sogar auf dem Grab meines Mannes stehen welche. Ist das nicht respektlos, Herr Wachtmeister?«

FREIZEITTIPPS

108 Seemannskirche Prerow

Die Seemannskirche liegt am Rand von Prerow und besticht durch die zahlreichen maritimen Motive im Inneren der Kirche. Sie galt einst als Orientierungspunkt auf dem Darß und stammt ursprünglich aus dem 18. Jahrhundert, wurde aber mehrfach umgebaut, bis sie ihre heutige Form im Backsteinbau und dem dunklen Holzturm erhalten hat.
Interessant bei dem Kirchenbesuch sind die vielen Schiffsmodelle, die das Kirchenbild prägen. Sie stammen aus dem 18. und 19. Jahrhundert und sind der Kirche von dankbaren Seeleuten übergeben worden. In dem Gotteshaus werden sowohl evangelische als auch katholische Gottesdienste abgehalten.

109 Weststrand

Der urwüchsige, etwa 13 Kilometer lange Weststrand gilt in Prerow als legendär und zählt zu den 20 schönsten Stränden der Welt. Der Wald reicht bis an den Strand heran, knorrige Äste liegen verstreut im Sand. Vom Wind gebeugte Bäume, sogenannte Windflüchter, prägen das Strandbild. Nach Stürmen sind hier häufig Bernsteine zu finden.

110 Vogels Warte Prerow

Dieses burgähnliche Haus (gebaut 1910 von einem Berliner Gerichtsadministrator) in der Lentzallee/Ecke Heinestraße übt eine ungeheure Faszination aus und lässt den Betrachter unwillkürlich an ein Geisterhaus denken. Mit seinem Turm, den Zinnen und Brückenelementen erinnert es an die Miniaturausgabe einer Ritterburg. Es ist in kommunaler Hand, sein Schicksal ungewiss. Der Wunsch geht dahin, es zu einem baltischen Kulturzentrum aufzubauen, was sicher eine gute Option wäre. Für einen Krimireiseführer ist diese »Geistervilla« ein Muss.

111 Hohe Düne Prerow
Die Hohe Düne Prerow liegt auf dem Weg in Richtung Zingst. Dort ist ein 13 Meter hoher Aussichtsturm aufgestellt, von dem aus man einen tollen Blick über die Ostsee, den Kiefernwald, den Prerowstrom und den Bodden hat. Dazu muss man die Leiter aber erst einmal erklimmen.

112 Fahrradtour nach Ahrenshoop
Diese Strecke ist für alle Fahrradtouristen eine wunderbare Etappe. Sie führt vom Prerower Hafen aus zunächst durch eine weitläufige Weidelandschaft und später direkt am Bodden entlang. Wer aufmerksam fährt, entdeckt die zahlreichen Vogelarten, die sich hier angesiedelt haben. Zur intensiven Beobachtung finden sich immer wieder Aussichtsplattformen. Weiter geht es durch Wieck. Ein gemütlicher Fischerort, der sich, genau wie das später zu durchquerende Born, die Ursprünglichkeit erhalten hat. Malerische kleine bunte Häuser dicht am Bodden gelegen, lassen immer wieder innehalten. Die Route führt abwechselnd durch Waldgebiete oder direkt am Schilfröhricht des Boddens vorbei. Einzigartig schön.

113 Hotel Haus Kranich

Das Hotel Haus Kranich liegt mitten in Prerow und besticht durch familiäre Freundlichkeit, gepaart mit mondänem Seebadflair. Das weiß getünchte Haus mit verglaster gemütlicher Veranda verfügt über eigene Parkplätze und ist in der Waldstraße zu finden. Möchte man Räder ausleihen, ist das gleich nebenan zum Sondertarif möglich. Die Zimmer sind liebevoll und ansprechend gestaltet, das Frühstück reichhaltig. Aber auch als Restaurant mit einer exquisiten Küche kann das Hotel Haus Kranich punkten. Der Gast wird auf charmante und liebevolle Art empfangen und verwöhnt.
Mehr unter: www.hotel-kranich-prerow.de

114 Kunstmuseum Ahrenshoop

In einer Künstlerkolonie darf natürlich, neben den zahlreichen Galerien und Kunsthäusern, auch ein Kunstmuseum nicht fehlen. Es befindet sich gut sichtbar direkt an der Durchgangsstraße. Das Kunstmuseum besteht seit dem Jahr 2013 und ist in privater Hand. Derzeit umfasst die Sammlung etwa 500 Werke, vornehmlich von Künstlern, die ihre Spuren in dem Künstlerort hinterlassen haben. Dazu werden Sonderausstellungen gezeigt. Für junge Gäste bietet das Museum Workshops und Mitmachprojekte an.
Mehr unter: www.kunstmuseum-ahrenshoop.de

115 Darßer Urwald

Auch der Darßer Urwald gehört zum Nationalpark Vorpommersche Boddenlandschaft. Er bedeckt mit seinen 50 Quadratkilometern einen großen Teil vom Darß. Die abwechslungsreiche Vegetation macht einen Spaziergang oder eine Radtour zu einem besonderen Erlebnis. Knorrige Bäume, großmoosige Flächen, alte Baumbestände und gespenstisch miteinander verbundene Gehölze faszinieren. Der Wald ist die Heimat zahlreicher Vögel, von Rotwild und Eichhörnchen.

116 Natureum mit Leuchtturm

Das Natureum und der Leuchtturm Darßer Ort sind entweder zu Fuß, mit dem Rad, der Darßbahn oder der Pferdekutsche zu erreichen. Die etwa fünf Kilometer lange Tour geht durch den Darßwald und ist schon für sich ein Erlebnis. Belohnt wird man mit einem naturbelassenen Strand unterhalb des Leuchtturms und einer interessanten Anlage und Informationen über den Nationalpark Vorpommersche Boddenlandschaft. Der Leuchtturm ist 160 Jahre alt und begehbar. Das Natureum existiert seit 1991 und wird vom Deutschen Meeresmuseum betrieben. Zu sehen gibt es Präparate von Tieren aus der Region, einen Einblick in das Nachtleben im Darßwald, Informationen zum Nationalpark und vieles mehr. In der Außenanlage ist ein Strand- und Dünengarten angelegt, der eindrucksvoll die Pflanzen- und Uferzonen am Darßer Weststrand darstellt. Das Natureum Darßer Ort ist geöffnet von
Mai bis Oktober täglich 10–18 Uhr
November bis April, Mittwoch–Sonntag von 11–16 Uhr

Mehr unter:
Natureum Darßer Ort
Darßer Ort 1–3
18375 Born am Darß
Telefon: 038233/304
www.meeresmuseum.de/natureum

117 Nordstrand Prerow mit Seebrücke

Der Nordstrand erstreckt sich über eine Länge von etwa acht Kilometern und gilt als Hauptbadestrand – darunter viele FKK-Bereiche. Er ist allein wegen des feinen Sandes sehr beliebt. Der im Zentrum von Prerow gelegene Abschnitt ist stark frequentiert. Hier führt eine Seebrücke in die Ostsee. Ihm angegliedert ist eine Verkaufsmeile mit kleinen Buden, die neben Imbissen und Cafés auch Goldschmiedekunst, Literatur und Boutiquen beherbergen. Straßenmusikanten lassen ein lebendiges Urlaubsgefühl aufkommen.

118 Schifferkirche Ahrenshoop

Die Schifferkirche ist die jüngste Kirche auf dem Darß und stammt aus dem Jahr 1951. Sie fällt durch ihre eigenwillige Zeltform auf. Im Inneren ist sie schlicht gehalten, strahlt jedoch vor allem wegen der Holzwände etwas Gemütliches aus. Aus der Pappel, die auf dem Bauplatz stand, fertigte die Bildhauerin Doris Oberländer-Seeberg die Altarwand, die Kanzel und den Taufständer. In das Taufbecken sind alle Namen der getauften Kinder eingraviert. Genau wie in der Seemannskirche von Prerow findet man auch hier Schiffsmodelle, die als Symbol für Glaube, Liebe, Hoffnung dienen. Die Kirche wird neben den Gottesdiensten zusätzlich für Lesungen und Konzerte genutzt. Führungen finden ebenfalls regelmäßig statt. Mehr unter: www.schifferkirche-ahrenshoop.de

119 Hohes Ufer Ahrenshoop

Ahrenshoops Strand ist wunderschön. Es gibt einen weitläufigen Strand mit Dünenhintergrund, nach Süden hin geht diese Strandformation aber in ein bemerkenswertes Steilufer über. Es fällt an einigen Stellen klippenartig ab, an anderen ist es mit Sträuchern wie Sanddorn und anderem bewachsen. Geradewegs zum Steilufer gelangt man vom Kunstmuseum auf der Allee Weg zum Hohen Ufer. Von dort kann man direkt an den Strand oder aber oberhalb des Steilufers entlangspazieren.

11. ZINGST

Zingst liegt ebenso wie Prerow im Nationalpark Vorpommersche Boddenlandschaft. Bekannt geworden ist der Ort nicht nur wegen seines schönen Strandes und der wundervollen Lage direkt am Bodden, sondern auch wegen der etwa 50.000 Kraniche, die von September bis Anfang November in großen Scharen am Bodden rasten. »Beobachten, ohne zu stören«, ist das Leitmotto für dieses Naturschauspiel. Wer einmal erlebt hat, wie die Kraniche am Abend in riesigen Schwärmen und mit ihrem »Gesang« einfliegen, wird diesen Eindruck wohl niemals vergessen.

Der Ort Zingst bietet jedoch noch mehr: Interessante Aktivitäten wie zum Beispiel Sportprogramme, Kulturveranstaltungen, Bootsausflüge und einen Besuch in der Tauchgondel. Hinzu kommt ein enges Wander- und Radwandernetz, das einen Aufenthalt hier zum Erlebnis macht. Auch Zingst verfügt über einen weitläufigen Ostseestrand, der im Sommer zu einem entspannten und kinderfreundlichen Badeurlaub einlädt, während der anderen Jahreszeiten zu ausgedehnten Spaziergängen.

Mehr unter:
Kur- und Tourismus GmbH
Seestraße 56
18374 Zingst
Telefon: 038232/8150
www.zingst.de

Anreise:
Mit dem PKW: aus Richtung Berlin über die A 19;
aus Richtung Hamburg über die A 20
Abfahrt Rostock Ost auf die B 105 Richtung Ribnitz-Damgarten. In Altheide auf die L 21 Richtung Fischland-Darß-Zingst und der Beschilderung folgen
Mit der Bahn: bis Hbf. Ribnitz-Damgarten, weiter mit dem Bus bis Bahnhof Velgast, weiter mit der Regionalbahn bis Barth und dem Bus bis Zingst

FREIHEIT

Maja blickte sich um, als sie ihren Wagen in der Nähe des Zingster Hafens [120] geparkt hatte. Eine Woche Urlaub lag vor ihr. Eine Woche, in der sie nicht hinter ihrem Schreibtisch im Amt verschwinden oder mit Oluf über die optimale Freizeitplanung diskutieren musste. Eine Woche, in der sie sich ganz ihrem Hobby, der Ornithologie, widmen konnte.

»Fahr bitte allein, ich gönne es dir«, hatte Oluf zu ihr gesagt. Er war 20 Jahre älter als sie und hatte mit seinen fast 70 Lenzen nicht mehr viel Lust und Freude an Entdeckungsreisen. Er flog lediglich im Winter mit ihr nach Gran Canaria, wo er sich am Pool und beim Büfett entspannte. Zu anderen Aktivitäten konnte er sich kaum aufraffen. Ob es noch Liebe zwischen ihnen beiden war, bezweifelte Maja, aber sie hatte vor Jahren »Ja« zu Oluf gesagt und dieses Versprechen wollte sie um jeden Preis einhalten. Obwohl das immer schwieriger wurde, weil ihre Interessen von Tag zu Tag weiter auseinanderdrifteten. Nun wollte sie aber nicht darüber nachdenken. Jetzt war sie eine Woche frei von allen Verpflichtungen und sie konnte sich ihren großen Wunsch erfüllen: Die Kraniche beim Einflug in den Bodden zu beobachten.

Von zu Hause aus Friesland kannte sie die vielen Gänse, die die Küstenregion der Nordsee zum Rasten aufsuchten. Auch Silberreiher und Seidenreiher gab es häufig an der Nordsee zu entdecken. Aber eben keine Kraniche. Maja liebte diese faszinierenden Vögel, die mit ihrer Anmut alle anderen Arten in den Schatten stellten. Maja hatte Filme gesehen, wie die Vögel zu Tausenden laut trötend und um die gleiche Uhrzeit über den Bodden ins Nachtquartier einschwebten. Das wollte sie einmal in ihrem Leben sehen und hören. Und das am besten ohne Olufs negative Kommentare, denn er schätzte ihren Hang zur Ornithologie keineswegs, sah es als Zeitverschwendung. Maja hingegen beschäftigte sich gern und häufig mit der Vogelwelt, und die Gegend um Zingst mit dem Bodden war für ihr Hobby nahezu paradiesisch.

Sie spazierte zunächst zum Hafengelände, betrachtete den ausgestellten Schiffsrumpf und setzte sich auf einen Cappuccino ins Café am Kai.

Gerade legte wieder eines der Schiffe zur Kranichbeobachtung 121 ab und stampfte durch den Zingster Strom. Für heute hatte sie es also verpasst. Morgen wollte sie selbst hinaus auf den Bodden. Sie freute sich unbändig auf dieses Naturschauspiel. Maja sah sich um. Es war vermutlich sinnvoll, sich ein Rad auszuleihen. Damit wäre sie mobiler und konnte die Natur besser erkunden, denn es gab hier noch so viel mehr zu sehen als nur die Kraniche. Ihr Hotel lag in der Nähe vom Max Hünten Haus 122. Die Fotografien dort sollten einzigartig sein.

Majas Herz klopfte schneller. Sie fühlte sich von Minute zu Minute freier. Nie hätte sie bei ihrer Hochzeit gedacht, dass sie ihre Ehe mit Oluf einmal als Last empfinden würde, doch der Altersunterschied machte ihr zunehmend zu schaffen. Maja checkte ins Hotel ein und beschloss, zunächst zum Museumshof 123 zu gehen, bevor sie später zu Abend aß. Sie spazierte dorthin und besuchte die Ausstellung der Künstler. Gemälde hatten sie schon immer interessiert, aber auch das war nichts für Oluf.

Jetzt genoss sie jedes einzelne Bild. »Allein im Urlaub?«, hörte sie eine sonore Stimme hinter sich. Obwohl Maja den Mann noch gar nicht gesehen hatte, lief ihr ein wohliger Schauer über den Rücken. Sie schnellte herum und sah dem Mann direkt ins Gesicht. Ihr Hirn registrierte: blaue Augen, Dreitagebart, zwei Köpfe größer als sie und schlank. »Ja, ich bin wegen der Kraniche hier«, stammelte sie und ärgerte sich, weil sie in einem Museum stand – und was hatte das bitte schön mit Kranichen zu tun? Der Mann musste sie für ziemlich eigenartig halten.

Aber er nahm es gelassen. »Ja, das ist ein Erlebnis! Ich komme deswegen jedes Jahr hierher.« Er strich sich das Haar zurück. »Aber wie ich sehe, sind Sie auch an der Kunstszene interessiert. Dann sollten Sie mal nach Ahrenshoop fahren. Da gibt es wunderbare Ausstellungen.«

»Mach ich«, antwortete Maja. Sie wollte sich an dem Mann vorbeischieben, doch es gelang ihr nicht. Sie standen voreinander, lächelten, senkten abwechselnd den Kopf und überlegten, was sie sagen sollten. Doch beiden fehlten die Worte.

Schließlich räusperte sich ihr Gegenüber. »Entschuldigung. Ich quatsche Sie einfach an und habe mich noch nicht einmal vorgestellt. Tim Martens ist mein Name. Ich komme aus Rostock und verbringe zwischendurch gern ein paar Tage in Zingst oder Ahrenshoop. Vor allem um diese Zeit. Wegen der Kraniche, aber auch weil ich die gesamte Vogelwelt so mag.«

Wir ticken gleich, schoss es Maja durch den Kopf. Ihr Herz klopfte sekundenlang viel zu schnell. Sie musste achtgeben, dass sie nicht wie ein Teenager errötete. Der Mann verwirrte sie definitiv zu sehr. Mit etwas Verzögerung konnte auch sie ihren Namen nennen. »Maja Meyer. Aus Leer«, sagte sie.

»Ach, eine waschechte Ostfriesin, die sich hierher verirrt hat.«

Maja nickte. Es war besser, sie verschwand, der Mann machte ihr Angst. Nicht weil er wie ein Verbrecher wirkte, sondern weil ihr bereits in der kurzen Zeit klar war, dass er ihr gefährlich werden könnte. Und Maja wollte alles, nur keine Konflikte. Sie wollte ihre Ehe mit Oluf nicht gefährden. Er war zwar alt, aber er war auch ihr Fixpunkt im Leben. Ihr Halt, wenn es mal nicht so gut lief. Herzklopfen verursachte Oluf bei ihr zwar schon lange nicht mehr, dafür waren Wärme und Zuneigung an diese Stelle getreten und genau auf diese beiden Gefühle mochte Maja nicht mehr verzichten. »Ich muss dann mal«, sagte sie und wollte sich an Tim vorbeischieben, doch wieder hielt er sie zurück. Die Luft zwischen ihnen knisterte. Maja hielt den Atem an.

»Darf ich Sie fragen, was Sie schon von Zingst gesehen haben?«

Es ist unhöflich, ihn jetzt stehen zu lassen, dachte Maja. Aber ihr blieben die Worte im Hals stecken. Sie war froh, als Tim weitersprach: »Ich bin wirklich oft hier und weiß, was lohnenswert ist. Dieses Museum allemal.«

»Bin heute erst angekommen und habe bislang nur den Hafen angeschaut. Morgen will ich eine Kranichtour machen«, antwortete Maja. Ihre Stimme kam ihr dünn, fast piepsig vor. Sie musste sich zusammenreißen.

»Das sollten Sie auf jeden Fall, nur finden die erst gegen Abend statt. Dass sich der Strand von Zingst lohnt, muss ich bestimmt nicht erwähnen, aber was sagen Sie zu einem Besuch in der Tauchgondel **124** ?«

»Was ist das?«

Tim erklärte es ihr. »Man taucht mit dieser Gondel ab, aber sie ist befestigt, also herrscht kein Seegang. Es ist quasi ein Kinoerlebnis unter Wasser. Sie zeigen einen ganz tollen 3D-Film aus der Ostseewelt.«

»Das klingt wirklich spannend. Vielleicht mache ich das morgen.«

Tim griff nach ihrem Unterarm. Maja durchfuhr es wie ein elektrischer Schlag. »Darf ich Sie begleiten? Es wäre mir eine Freude. – Ehrlich.«

Maja schüttelte den Kopf, doch gleichzeitig entwich ihr ein lautes »Ja«. Ihr Herz klopfte, aber was war schon dabei, mit Tim (sie duzte ihn in Gedanken bereits) diese Gondel zu besuchen? Sie tat schließlich nichts Verbotenes. Und was sollte schon passieren? Sie würden kaum zu zweit darin sitzen. Maja hatte Urlaub, musste mal raus aus dem häuslichen Mief. Oluf saß zu Hause vor dem Fernseher, wie jeden Tag. Er hätte nichts dagegen. »Ich freue mich«, stimmte sie zu.

Tim grinste. »Und ich mich erst. Wollen wir uns direkt an der Seebrücke treffen? Um elf? Ich heiße übrigens Tim.«

Maja hatte Oluf am Vorabend nichts von ihrer Verabredung erzählt und er fragte auch nicht danach. Irgendwo hatte er einen alten Derrick-Film ausgegraben und beschallte sich damit, sodass das Gespräch kurz und ganz sicher nicht mit echter Anteilnahme geführt worden war. Der Guten-Morgen-Gruß war ähnlich knapp gewesen. Da lief gerade Frühstücksfernsehen. Jetzt, wo Maja nicht meckerte, weil der Fernseher den ganzen Tag flimmerte, schien auch Oluf seine Freiheiten vollends auszukosten. Umso freundlicher war der Empfang, den Tim ihr bereitete. Er hatte eine lila

Aster in der Hand, die er Maja verlegen entgegenstreckte. »Kleine Aufmerksamkeit für eine Frau, die mit mir den Tag verbringen möchte.«

Eine Blume. Tim hatte ihr tatsächlich eine Blume mitgebracht. Oluf wusste bestimmt gar nicht mehr, wie man dieses Wort schrieb. Er wusste auch nicht, wie wohl sich Maja fühlte, wenn ein Mann ihr sein ganzes Interesse schenkte. Tim hielt ihr die Türen auf. Er holte Maja etwas zu trinken, bezahlte die Tickets und achtete darauf, dass es ihr jede Sekunde, die sie zusammen waren, an nichts fehlte.

Der Tauchgang mit der Tauchgondel war einmalig schön. Maja vergaß Oluf, den Alltag. Ihr Haus in Leer. Alles. Sie suchte Tims Nähe, es war, als würde sie wie von einem Magneten angezogen.

Ich befinde mich gerade in einer Parallelwelt, dachte sie. Mein altes Leben ist unendlich weit weg, es gibt nur noch Tim und mich und Zingst. Ich will, dass es nie aufhört. Ich bin glücklich! Maja erschrak bei dem Gedanken und sie schämte sich. Sie durfte nicht so denken, sie hatte es sich mit Oluf gut eingerichtet. Sie hatten alles, was man zur Zufriedenheit brauchte. Zur Zufriedenheit, nicht zum Glück, schoss es ihr durch den Kopf und Maja erschrak selbst bei dem Gedanken.

Als ihr Mann nach dem Tauchgang eine WhatsApp-Nachricht schickte, schrak sie regelrecht zusammen. »Ich vermisse dich!« So etwas hatte Oluf ihr gegenüber schon lange nicht mehr geäußert. Trotz Derrick und Frühstücksfernsehen dachte er an sie.

Maja antwortete sofort. »Ich dich auch. Es ist wunderschön hier.«

Oluf schrieb noch eine Nachricht, wollte aber nichts

Besonderes, er konnte lediglich die Kopfschmerztabletten nicht finden. Zumindest hatte er einen küssenden Smiley an seine Worte gehängt. Für ihn eine große Geste. Maja steckte das Handy dennoch weg. Es fühlte sich komisch an, aber Oluf störte sie.

Tim fragte nicht nach, wer ihr geschrieben hatte. Während des Tauchgangs hatte er über Majas Ehering gestrichen und sein Gesicht hatte für einen Augenblick traurig ausgesehen. Er selbst trug keinen Ring, keine Kette, die auf eine Verbindung zu einer Frau hinwies. Maja traute sich nicht, zu fragen, ob es jemanden in seinem Leben gab. Nicht, dass er dachte, sie wolle … Ach verdammt, sie wollte ja. Aber sie durfte nicht. Nur den Augenblick genießen. Jetzt, wo alles harmlos war. Jetzt, wo Oluf noch jede Sekunde hätte danebenstehen können. Hätte er das wirklich? Nein, ihre Blicke gingen schon viel zu tief. Ihr Herz klopfte eindeutig zu heftig, ihre Hände zitterten, die Knie fühlten sich an wie Pudding. Es war besser, dass Oluf das nicht mitbekam. Es würde ihn verletzen und das wollte Maja nicht. Sie konnte die Reißleine im entscheidenden Moment noch ziehen. Ganz bestimmt. Maja war klar, dass sie sich etwas vormachte.

Sie galoppierte geradewegs auf einen Abgrund zu und doch war sie nicht willens, das Pferd zu stoppen. Auch wenn sie dabei umkam, auch wenn es ihr bisheriges Leben kosten konnte. Sie ignorierte die Gefahr.

Tim lud Maja zum Essen ein, wählte den passenden Wein, überredete sie zu einem Nachtisch, der grandios auf der Zunge zerging, und berührte immer wieder flüchtig ihren Arm, ihren Oberschenkel und ihre Fingerspitzen. Maja bekam Gänsehaut, ein Kribbeln bemächtigte sich ihres Körpers.

Es war selbstverständlich, dass sie sich nicht trennten und er Maja auch aufs Schiff begleitete. »Ich liebe die Kraniche doch genau wie du.« Tim kannte sich hervorragend mit der Natur am Bodden und dem Leben der majestätischen Vögel aus. Immer wenn der Vortrag des Experten zu Ende war, ergänzte er stets noch etwas, um Majas Wissensdurst zu stillen. Dann wurde es ruhig auf dem Schiff, denn am Horizont war das erste große V der einfliegenden Vögel zu erkennen. Kurz darauf erklangen die unverkennbaren Laute der Kraniche.

»Da kommen sie«, sagte er. »Ich finde, es gleicht einem einzigartigen Gesang. Tröten klingt so profan für das, was da gerade passiert.« Wie selbstverständlich legte er den Arm um Majas Schultern. »In einem solch grandiosen Augenblick darf man nicht allein sein«, flüsterte er, während er seine Nase in ihrem Haar vergrub.

Maja lehnte sich lächelnd an ihn und genoss das, was am Himmel über ihnen geschah genauso wie Tims Duft und das ruhige, aber kräftige Schlagen seines Herzens. Sie würde das Einfliegen der Kraniche von nun an immer mit dem tiefen Gefühl, das sie Tim gegenüber empfand, in Verbindung bringen.

Ein Schwarm nach dem anderen kehrte ein und suchte den Rastplatz am Bodden auf. »Es ist das Schönste, was ich je in meinem Leben gesehen habe«, flüsterte Maja. Ihr liefen Tränen übers Gesicht. »Es ist wie ein Abendgesang.« Tim strich ihr sanft mit dem Ringfinger über die Wange. Es fühlte sich so richtig an, dicht an ihn gekuschelt zu stehen und seine Wärme zu spüren. Sie hatte sich in der kurzen Zeit in ihn verliebt.

So verharrten sie, bis es am Himmel über dem Bodden ruhig wurde und sich das Schiff auf den Rückweg machte.

Maja war auch danach noch völlig entrückt. »Es war zauberhaft. Ja, das ist wohl das richtige Wort für dieses Ereignis. Da beginnt man direkt an eine höhere Macht zu glauben, die sich das ausgedacht hat, um uns zu erfreuen.«

»Du bist zauberhaft«, sagte Tim und vergrub seine Lippen in Majas dunklem Haar, bis sie sich zu ihrem Ohrläppchen vorgetastet hatten und er es vorsichtig küsste. Sie ließ es zu. Sie wollte mehr. Sie wollte alles.

Oluf war so weit weg. Aber sie lebte. Jetzt. Hier. Ihr Herz klopfte und es fühlte sich gut an, als Tims Lippen weiterwanderten. Sie suchten den Weg über ihre Wange bis zu Majas Mund, den er sofort umschloss. Seine Lippen waren weich. Zärtlich. Maja schmeckte seine Zunge.

»Komm heute Nacht mit zu mir«, sagte er, als ihr Schiff im Hafen einlief. Es war mittlerweile dunkel geworden, die Cafés und Restaurants leuchteten einladend. Teilweise waren Feuer und große Kerzen auf den Terrassen aufgestellt, für den Oktober war es unnatürlich warm, sodass die Außensitzplätze belegt waren.

Wieder an Land beschlichen Maja Zweifel, ob es richtig war, was sie tat. Sie hatte das Handy während der Kranichtour ausgestellt, weil sie sich diesen Ausflug nicht mit dem Läuten des Handys verderben wollte. Sie hatte Tim noch nicht geantwortet, sondern schaltete ihr Telefon erst jetzt wieder an. Keine Nachricht von Oluf. Kein verpasster Anruf. Nichts.

Ihr Mann zog sich sicher längst wieder einen alten Krimischinken rein.

»Ja, ich komme mit«, sagte Maja, während sie das Handy ausschaltete und in der Jackentasche verschwinden ließ. Sie schob ihre Hand in Tims und folgte ihm zum Hotel.

Tim war ein toller Liebhaber. Wild und zugleich einfühlsam. Maja hatte lange keine solche Befriedigung mehr empfunden. Wenn Oluf alle paar Wochen mal mit ihr schlief, fehlte es an Erotik, am Spiel miteinander. Es hatte für sie immer weniger Reiz, sodass sie schon geglaubt hatte, sie selbst sei alt und vertrocknet. Tim aber verstand es, ihre Blume zum Blühen zu bringen. Und als sie am nächsten Morgen zusammen frühstückten, fühlte Maja sich so jung und schön wie schon lange nicht mehr.

»Lass uns eine Kajaktour [125] über den Bodden machen«, schlug sie vor, nachdem sie sämtliche Prospekte studiert hatte. »Das ist ein so schönes Erlebnis! Geht in Wieck los. Beim Kajakvermieter bekommt man eine Anleitung, Sicherheitswesten. Müsste doch toll sein, so entspannt über den Bodden zu paddeln.«

»Wir ticken gleich, Süße«, sagte Tim. »Ich hatte eine ähnliche Idee, nur ein kleines bisschen anders.

»Und?«, lachte Maja. »Welche Variante ist dir durch den Kopf geschossen?«

»Zeig ich dir. Wollen wir?« Tim zog sie mit sich. Jeder Widerstand schien zwecklos. Maja gab sich willenlos in Tims Obhut und von Sekunde zu Sekunde fühlte es sich besser an. »Wohin wollen wir?«

»Zum Hafen. Was hältst du von einer Ruderbootfahrt?«

»Das klingt gut. Hast du denn eins?«

Tim nickte. »Klar, bin ja öfter hier.«

Maja fühlte sich wie im siebten Himmel. Was geschah da gerade mit ihr? Sie folgte Tim wie in Trance zum Hafen. Wenn es war, wie es war, würde sie Oluf verlassen. Gegen die Liebe konnte sie sich nicht wehren. Sie hatte das Recht zu diesem Glück. Tim war mehr als eine Affäre und sie wollte ihn auch nicht als eine solche sehen. Sie hatte sich ihm hingegeben und das, was mit dieser Intensität passiert war, konnte nur geschehen, weil ihr Herz bei Tim war. Und sonst nirgendwo.

Als sie bei seinem kleinen Boot angekommen waren, verstaute Tim Majas Tasche darauf und steuerte es anschließend, nachdem sie auch beide an Bord geklettert waren, sicher über den Bodden. Sie durchpflügten das Wasser, während Enten, Schwäne und andere Wasservögel ihnen anstandslos Platz machten. Tim hatte einen kräftigen Schlag. Nach einer Weile steuerte er aufs Ufer zu.

»Da ist doch alles voller Schilf. Warum legst du dort an? Lass uns umkehren und in Zingst einen Kaffee trinken«, schlug Maja vor. Sie fröstelte ein wenig, denn auf dem Wasser war es erheblich kühler als an Land. Sie hätte sich eine dickere Jacke oder wenigstens einen Pullover mitnehmen sollen. Nur hatte die Sonne vorhin so stark geschienen, dass es ihr überflüssig vorgekommen war. Nun aber paddelten sie durch einen schattigen Teil des Boddens und der Wind hatte aufgefrischt.

»Nein. Keinen Kaffee.« Tim war in der letzten halben Stunde immer schweigsamer geworden und jetzt klang seine Stimme hart, fast unnahbar. Maja hatte seine Zurückhaltung auf die Anstrengung geschoben, doch bei seinen harschen Worten zuckte sie zusammen. Sie ging in Gedanken die vergangene Stunde Minute für Minute durch, erinnerte sich jedoch an keine Situation, die seinen Unmut heraufbeschworen haben könnte. Maja schwieg, musterte Tims Mimik. Er wirkte völlig verändert. Um seinen Mund hatte sich ein eigenartiger Zug gelegt. Er steuerte mit Schwung aufs Ufer zu, bis das Boot auf Grund lief.

Tim sprang auf und fummelte an seiner Jackentasche herum.

»Was soll das?« Maja wollte aus dem Boot springen, doch Tim drückte sie auf die Bank zurück. »Bleib sitzen!«, herrschte er sie an. Seine Augen blitzten kalt. Aber er schien in der Jacke gefunden zu haben, wonach er suchte.

»Was ist los mit dir?« Majas Stimme zitterte.

Tims Augen verengten sich. »Ich muss eine Entscheidung treffen. Und zwar schnell.« Er zog eine Pistole aus der Innentasche seiner Jacke. »Ich werde dich jetzt und hier töten.«

»Wie bitte?« Maja schluckte. War sie im falschen Film? Sie umklammerte das Ruder, das Tim aus der Hand gelegt hatte. An irgendetwas musste sie sich festhalten, zu irreal erschien ihr die Situation. So etwas gab es in Wirklichkeit nicht. Bis vorhin hatten sie sich noch geliebt und nun stand plötzlich ein Monster von einem Menschen vor ihr und behauptete, sie umbringen zu wollen?

»Wenn das ein Scherz sein soll, dann ist das ein verdammt schlechter. Ich glaube, wir haben nicht dieselbe Art von Humor«, presste Maja hervor. Ihr Herz weigerte sich, die Tatsache zu akzeptieren, dass sich ihr Geliebter mit geladener und gezückter Waffe vor ihr aufgebaut hatte und drohte, sie zu erschießen.

Tim sackte in sich zusammen, legte die Pistole neben sich und den Kopf in die Hände. Mit einem Mal hatte seine Stimme wieder das Timbre, das sie von ihm kannte. »Ich kann es nicht. Verdammt, ich kann es dieses Mal nicht.«

»Mensch, Tim. Jetzt mach keine Witze! Los, wir fahren zurück und vergessen die letzten zwei Minuten!« Maja wollte scherzhaft klingen, doch ihre Stimme kippte. Ihr Kopf resümierte klar, dass dies kein Spaß war. Was auch immer dahinterstecken mochte, sie war in eine Falle getappt und ahnungslos zu ihrem Mörder ins Boot gestiegen. Fühlte es sich so an, wenn es zu Ende ging? Sie verspürte nicht einmal Angst.

»Das können wir nicht, Maja. Ich muss dich töten. Das war kein Scherz.«

Maja schluckte. »Sag, dass es nicht wahr ist. Bitte!« Ihre Stimme brach.

Doch Tim schüttelte bedauernd den Kopf. »Ich lüge nicht, Maja. Das Leben spielt manchmal nach Regeln, die wir nicht bestimmen können.« Er griff erneut nach der Pistole.

Maja senkte den Kopf, legte ihn auf die Knie und versuchte, diese Information zu verarbeiten. Tim hatte diese Bootstour also nur angeregt, weil er sie hier ohne Aufsehen umbringen konnte. Bis man sie im Schilf gefunden hatte, würde sehr viel Zeit vergehen. Oluf würde sie erst in einer Woche vermissen. Er meldete sich ja nicht einmal mehr bei ihr und war heute Morgen gar nicht ans Telefon gegangen ...

Eine dunkle Ahnung kroch in Maja hoch. Eine furchtbar dunkle Ahnung. »Warum willst du mich töten, Tim?« Er entsicherte die Waffe. Trotz des Knackens redete Maja weiter. Warum es ihr so wichtig war, zumindest die Wahrheit zu kennen, konnte sie selbst nicht mal sagen. »Wer hat dich beauftragt und warum? Diese Antwort bist du mir schuldig. Tim oder wie auch immer du wirklich heißt.« Sie hob den Kopf und sah ihm in die Augen.

Ihr Blick veranlasste Tim, die Hand mit der Pistole noch einmal zu senken. »Das tut nichts zur Sache. Töten ist mein Job. Ich bringe Menschen für Geld um. Ganz einfach«, antwortete er.

»Du bist ein Killer? So was gibt es doch nur bei James Bond oder bei der Mafia.« Maja lachte hektisch auf. Tim wollte sie doch hochnehmen. Das alles war absurd. Sie versuchte es ein letztes Mal: »Komm, wir drehen um und gut ist. Ich kann jetzt wirklich einen Kaffee brauchen.« Er konnte das unmöglich ernst meinen. Sie hatten sich geliebt, schöne Stunden verbracht, aber offensichtlich war Tim ein Spinner. Die Pistole war bestimmt nicht einmal geladen.

»Maja.« Nun klang er beinahe flehend. »Das ist kein Spiel. Ich töte Menschen in ganz Europa. Für Geld. Für sehr viel Geld«, sagte er und ließ einen Schwall unterschiedlicher Sätze in verschiedenen Sprachen los. »Ich kann alle Sprachen, die man landläufig spricht. Morde an Frauen sind meine Spezialität. In Spanien, Portugal, Italien. Ich bin überall unterwegs und ich hinterlasse keine Spuren. Der Bart kommt gleich ab und weg bin ich. Ich heiße auch nicht Tim. Und nicht Juan oder Fabricius. Oder wie auch immer.«

Maja schluckte angewidert, weil sich eine Assoziation ihren Weg bahnte. Obgleich es angesichts ihrer vertrackten Situation absurd war, verletzte sie das, was sie nun ahnte fast mehr, als die Tatsache, dass Tim sie töten wollte. »Dann hast du mit all diesen Frauen …« Sie sprach den Satz nicht zu Ende. »Ich dachte, ich bin etwas Besonderes.« Sie spürte, wie sich saurer Mageninhalt den Weg nach oben suchte. Sie schluckte. Den Triumph gönnte sie ihm nicht. Wenn sie sterben musste, dann wollte sie zumindest Haltung bewahren. »Für mich war es etwas Wunderbares. Du und ich. Zumindest dachte ich das«, fügte sie leise hinzu.

Tim sah sie lange an, legte die Pistole noch einmal beiseite und näherte sich Maja mit einer fast hilflos wirkenden Geste, indem er die Arme ausbreitete, als wolle er sie tatsächlich noch kurz berühren. Doch dann senkte er die

Hände. »Zuerst warst du ein Job. Aber jetzt ...« Er wirkte verzweifelt, doch seine Reue erreichte Majas Herz nicht.

»Wer hat dich beauftragt?«, fragte sie, obwohl sie die Antwort ahnte.

»Dein Mann. Ich sollte dich töten, wenn du mit mir ins Bett gehst. Er kann die Erniedrigung nicht ertragen, weil sich ohnehin alle das Maul zerreißen, weil er eine so junge Frau hat. Er glaubt, du hast ihn schon öfter betrogen.«

»Aber das stimmt doch gar nicht. Ich war ihm immer treu. Bis gestern. Bis du es drauf angelegt hast.«

»Du hast es freiwillig getan«, sagte Tim. »Das zählt.«

»Ich habe mich in dich verliebt, du Hornochse«, schrie Maja. »Und du, du schläfst mit Frauen für Geld und bringst sie anschließend um. Du bist ein killender Callboy und ich habe an dich, an uns geglaubt! Du widerst mich an, Tim, oder wer immer du bist. DU WIDERST MICH AN!«

Tim war ein Tier, ein Killer. Ein Mann ohne Gefühle. Maja hatte sich noch nie so gedemütigt gefühlt. Sie wusste auch nicht, wen sie mehr hasste. Oluf oder Tim. Aber sie wollte nicht sterben, weil ihr alternder Gatte sich in eine Idee verrannt und weil sie einmal im Leben einen Fehler gemacht hatte. Sie wollte leben und die, die ihr das antun wollten, sollten dafür büßen.

Maja riss das Ruder aus der Halterung und ehe Tim reagieren konnte, zog sie ihm damit eins über den Schädel. Dann schlug sie noch einmal zu. Und noch einmal. Und noch einmal.

Tim über Bord ins Schilf zu werfen, war ein Leichtes. Maja suchte nicht in seinen Papieren, sie wollte nicht wissen, wer er wirklich war. Vermutlich trug er ohnehin keinen gültigen Ausweis bei sich. Er war eine kurze Episode in ihrem

Leben, sonst nichts. Maja hoffte, dass sie das irgendwann so sehen konnte. Dass sie nicht zeitlebens in ein Phantom verliebt bleiben würde. Darüber musste sie sich später Gedanken machen. Jetzt galt es, sich in Sicherheit zu bringen und ihre Spuren zu verwischen. Maja wunderte sich über ihre klaren, strukturierten Gedanken. Ob das allen so ging, die eben einen Mord verübt hatten? Wahrscheinlich, sonst hielt man diese Grausamkeit nicht aus.

Maja zog sich aus, nahm ihre Handtasche und Kleidung an sich und brachte alles, durchs knietiefe Wasser watend, an Land. Dann zerrte sie das Boot ins Schilfdickicht und kleidete sich wieder an. Sie hatte ein Stück zu laufen, doch sie würde ihren Urlaub nicht abbrechen. Das wäre zu auffällig, falls man Tim irgendwann finden sollte. Außerdem war es nötig, sich weit weg von Oluf eine andere Wohnung zu beschaffen und in Ruhe das Konto zu plündern. Das Geld stand ihr zu, immerhin musste er Tim die letzte Rate für ihren Tod nicht zahlen. Er würde sich vielleicht wundern, warum seine angeblich ermordete Frau noch Geld abhob und der Killer die Restschuld nie anforderte. Aber welche Antwort er darauf fand, war Maja schließlich ziemlich egal. Sie würde alles in Leer zurücklassen. Ihren Ehemann, ihre geliebten Bücher, ihre Erinnerungen. Ihr ganzes gelebtes Leben. Von dieser Sekunde an begann eine neue Ära.

Über ihr flogen die ersten Kranichschwärme ein und ihr Gesang dröhnte weit über den Bodden. Sie war frei.

FREIZEITTIPPS

120 Zingster Hafen

Der Hafen liegt am Zingster Strom, in unmittelbarer Nähe zum Bodden. Restaurants und Cafés lassen die Umgebung pulsieren, Ausflugsschiffe reihen sich am Kai. Von hier bieten sich Radtouren in östlicher Richtung am Bodden entlang an. Bänke und Vogelbeobachtungsplätze laden zu Pausen ein.
Vom Hafen aus starten Bodden- oder Kranichtouren mit Ausflugsschiffen. Interessant ist der an Land ausgestellte Gaffelschoner »Mona Lisa«. Hierbei handelt es sich um eine Kraweel, ein Lastenschiff aus dem 16.-19. Jahrhundert, das in der Form auch in Zingst gebaut wurde. Dieser Schiffsrumpf stammt aus dem Jahr 1923.

121 Kranichbeobachtung

Die Kranichbeobachtung, ohne die empfindlichen Tiere zu stören, gilt wohl, vor allem im Herbst, als die Hauptattraktion in Zingst. Möglichkeiten dies zu tun, haben Sie nicht nur in diesem Ort, sondern rund um den Bodden. Die Kranichschlafplätze sind in der Zeit der Vogelrast für den Besucher gesperrt. Allerdings gibt es dennoch ausreichende Möglichkeiten zur Beobachtung. So hat man rund um den Bodden Aussichtsplattformen geschaffen, von denen aus man auch die anderen Vögel und Tiere hervorragend sehen, fotografieren und filmen kann. Beeindruckend sind auch die Schiffsfahrten über den Bodden, die zeitlich so gelegt sind, dass der Einflug der Krani-

che vom Wasser aus erlebt werden kann. Dabei wird auch viel Wissenswertes über das Leben und Verhalten dieser Vögel vermittelt.
Mehr unter: www.reederei-poschke.de oder www.reederei-zingst.de

122 Max Hünten Haus
Beim Max Hünten Haus handelt es sich um ein Medien-, Kommunikations- und Kulturzentrum. Untergebracht sind hier: die Touristinformation, die Bibliothek, die Fotoschule, Erlebniswelt Fotografie Zingst und vieles mehr. Im Max Hünten Haus finden kulturelle Veranstaltungen wie Lesungen oder Vorträge statt. Kurz: Es ist ein Ort der Begegnung.
Öffnungszeiten: täglich 10–18 Uhr
Mehr unter:
Max Hünten Haus
Schulstraße 3
18374 Zingst
Telefon: 038232/165110
www.zingst.de/max-huenten-haus.html

123 Museumshof Zingst
Das Museum wurde neu konzipiert und erweitert. Es liegt zentral in der Strandstraße in Zingst. Ausgestellt werden in der Neuen Galerie Werke von Künstlern aus der Zeit von 1872–1980. Ein weiterer Teil des Museums zeigt die Geschichte der Schifffahrt. Große Schiffsmodelle von alten Seglern mit Informationen zu den dazugehörigen Ereignissen lassen das Betrachten der Modelle lebendig werden. Zingst als Strandbad und die Historie des Ortes, eine Ausstellung zur

Seefahrertradition und mehr machen den Besuch in diesem Museum lohnenswert. Es ist geöffnet:
November bis März, jeweils Donnerstag bis Sonntag von 10–16 Uhr
Mehr unter:
Museum Zingst und Museumshof
Strandstraße 1–3
18374 Zingst
Telefon: 038232/15561
www.museumshof-zingst.de

124 Tauchgondel

Die Tauchgondel ist eine einzigartige Besonderheit. Sie liegt an der Seebrücke von Zingst. Mit dieser Gondel unternimmt der Besucher einen Tauchgang in die Ostsee, ohne nass zu werden. Das Deck des Besucherraumes befindet sich etwa vier Meter unter Wasser. Der Besucher erhält einen interessanten Vortrag über den Lebensraum Ostsee, dabei können die Tiere des Meeres hautnah und in ihrer natürlichen Umgebung beobachtet werden. Die Qualität dieser Beobachtung hängt allerdings stark von den individuellen Sichtverhältnissen des jeweiligen Tages ab. Weiterhin ist ein 3D-Film zu sehen. Dabei erleben die Gäste die Illusion, einer Kegelrobbe, Quallen und anderen Fischen ganz nah zu sein. Die Tauchgondel ist ganzjährig geöffnet.
November bis März von 11–16 Uhr
April, Mai, September, Oktober von 10–19 Uhr
Juni, Juli August von 10–21 Uhr
Mehr unter: www.tauchgondel.de

Weitere Tauchgondeln gibt es in Zinnowitz, Sellin und Grömitz.

125 Kajaktouren
Für sportliche und naturliebende Gäste ist eine Kajaktour über den Bodden eine wunderbare Alternative zu den Boddenfahrten mit den Ausflugsschiffen. Keiner wird ohne Wissen losgeschickt, es gibt eine ausgiebige Erläuterung zur Sicherheit und Technik und natürlich wird alles wasserfest verpackt. Eine Kombination aus Fahrrad- und Kajaktour ist ebenfalls möglich.
Mehr unter:
Darßtour
Henrik Schmidtbauer
Buchenstraße 11a
18375 Prerow
Telefon: 0178/1886680
www.darsstour.de

*Weitere Krimis finden Sie auf den
folgenden Seiten und im Internet:*

WWW.GMEINER-SPANNUNG.DE

REGINE KÖLPIN
Wer mordet schon am Wattenmeer?
....
978-3-8392-1580-7 (Paperback)
978-3-8392-4449-4 (pdf)
978-3-8392-4448-7 (epub)

»Ein ungewöhnlicher Freizeitführer mit Humor, Spannung und so manchem interessanten Ort«

Wer glaubt, die Nordseeküste sei eine friedliche und beschauliche Gegend, sieht sich getäuscht. Hinterm Deich, in den Marschwiesen, am Nordseestrand und im Moor lauern unsägliche Gefahren auf Besucher und Bewohner des Küstenstrichs. Begegnen Sie der friesischen Gemütlichkeit einmal anders und begleiten Sie die Autorin auf ihrer mörderischen Reise über die Ostfriesische Halbinsel. Sie werden die Nordseeküstenregion anschließend mit ganz anderen Augen sehen.

SANDRA DÜNSCHEDE
Friesenmilch
....
978-3-8392-1834-1 (Paperback)
978-3-8392-4925-3 (pdf)
978-3-8392-4924-6 (epub)

»Wie das Land, so die Morde – Kommissar Thamsen und seine Freunde ermitteln erneut in einem brisanten Fall an der rauen Nordseeküste.«

Eine Putzfrau findet Dr. Scholz tot in seiner Praxis. Schnell ist die Todesursache geklärt: ein vergifteter Joghurt der ortsansässigen Meierei in Niebüll. Bei seinen Ermittlungen erfährt Kommissar Thamsen, dass die Molkerei erpresst wird. Doch wer steckt hinter den Drohungen und dem Giftanschlag? Der Sohn des Meiereibesitzers und einige Mitglieder einer Aktivistengruppe geraten ins Visier der Polizei. Doch keiner der Ermittlungsansätze führt zur Lösung des Falls und der Druck wächst rasant, als es ein weiteres Opfer gibt.

REINHARD PELTE
Inselgötter
....
978-3-8392-1840-2 (Paperback)
978-3-8392-4937-6 (pdf)
978-3-8392-4936-9 (epub)

»Tomas Jung und Charlotte Bakkens ermitteln in einem weiteren Nordfriesland-Krimi.«

Vier Menschen sind spurlos verschwunden. Alle wollten sie nach Sylt, auf die Insel der Schönen und Reichen. Alle telefonierten von Niebüll aus das letzte Mal mit ihren Angehörigen. Kriminalrat Tomas Jung und Charlotte Bakkens machen sich auf die Suche. Von Anfang an wird ihre Arbeit von höchster Stelle aufmerksam verfolgt. Sie fühlen sich kontrolliert. Wer hat ein gesteigertes Interesse an der Aufklärung der verworrenen Geschehnisse? Bis zum Schluss werden die Fragen immer drängender und die Antworten scheinen in immer weitere Ferne zu rücken.

WWW.GMEINER-VERLAG.DE
Wir machen's spannend

Das Neueste aus der Gmeiner-Bibliothek

Unser Lesermagazin

Bestellen Sie das kostenlose Krimi-Journal in Ihrer Buchhandlung oder unter www.gmeiner-verlag.de

Informieren Sie sich ...

www ... auf unserer Homepage:
www.gmeiner-verlag.de

@ ... über unseren Newsletter:
Melden Sie sich für unseren Newsletter an
unter www.gmeiner-verlag.de/newsletter

f ... werden Sie Fan auf Facebook:
www.facebook.com/gmeiner.verlag

Mitmachen und gewinnen!

Schicken Sie uns Ihre Meinung zu unseren Büchern
per Mail an gewinnspiel@gmeiner-verlag.de
und nehmen Sie automatisch an unserem
Jahresgewinnspiel mit »mörderisch guten« Preisen teil!